ABRÉGÉ

DE LA

GRAMMAIRE

FRANÇOISE.

PAR M. DE WAILLY.

A PARIS,

Chez DE BURE l'aîné, Quai des Augustins.

ET

Chez J. BARBOU, rue Saint Jacques.

M DCC LIX.

AVERTISSEMENT.

QUAND je donnai ma Grammaire sur la fin de 1754, je me proposai de rendre plus facile & plus agréable l'étude de notre Langue. Plusieurs choses me font croire que j'ai réussi : Les Journalistes de Trévoux & de Verdun ont parlé très-avantageusement de mon ouvrage : plusieurs Académiciens célebres l'ont honoré de leur approbation , & le public l'a bien accœuilli.

Depuis des personnes chargées de l'éducation de la jeunesse m'ont engagé à donner un Abrégé de ma Grammaire. Les Abrégés que nous avons , m'ont dit ces personnes , ne contiennent guere que des définitions : nous en voudrions un dans lequel , outre l'explication des mots , on apprît comment dans les adjectifs , le féminin se forme du masculin ; le pluriel , du singulier dans les substantifs & les adjectifs. Il faudroit que les conjugaisons y fussent détaillées , qu'on y trouvât la formation des temps & les verbes irréguliers. La Syntaxe sur-tout , devroit avoir quelque etendue , & renfermer les remarques dont les jeunes gens ont le plus de besoin pour parler & pour ecrire correctement. &c. C'est d'après ce plan que j'ai fait cet Abrégé : puisse-t-il être utile à la jeunesse.

ABRÉVIATIONS

Dont on s'eſt ſervi dans cet Abrégé.

Adj.	Adjectif.
Adv.	Adverbe.
Art.	Article.
Ch.	Choſe.
Cond. préſ.	Conditionnel préſent.
Cond. paſ.	Conditionnel paſſé.
Conj.	Conjonction.
Conjug.	Conjugaiſon.
Fém. ou f.	Féminin.
Fut. ſ.	Futur ſimple.
Fut. comp.	Futur compoſé.
Gér. préſ.	Gérondif préſent.
Gér. paſ.	Gérondif paſſé.
Imparf.	Imparfait.
Impér.	Impératif.
Imperſ.	Imperſonnel.
Inf. ou infin.	Infinitif.
Indic.	Indicatif.
Maſc. ou m.	Maſculin.
Parf déf.	Parfait défini.
Parf. indéf.	Parfait indéfini.
Part.	Participe.
Pe ſ.	Perſonne.
Plur.	Pluriel.
Pluſ.	Pluſieurs.
Pluſqueparf.	Pluſqueparfait.
Prem.	Premier, ere.
Préſ.	Préſent.
Pron rel.	Pronom relatif.
Sing.	Singulier.
Rég. comp.	Régime compoſé.
Rég. ſimp.	Régime ſimple.
V. n.	Verbe neutre.
Verbe pronom.	Verbe pronominal.

ABRÉGÉ

DE LA

GRAMMAIRE

FRANÇOISE.

L A *Grammaire* eſt l'art de parler & d'écrire correctement.

Pour ecrire on ſe ſert de lettres, qui, arrangées comme il faut, forment des mots & un ſens.

Les lettres ſe diviſent en *voyelles* & en *conſonnes.*

Les *Voyelles* ſont *a, e, i, o, u ;* & *y,* qui tantôt a le ſon de l'*i,* & tantôt le ſon de deux *ii.* Ces lettres ſont appellées *voyelles,* parce que ſeules elles forment une voix ou un ſon.

Les *Conſonnes* ſont, *b, c, d, f, g, h, j ; k, l, m, n, p,* &c. Ces lettres s'appellent *conſonnes,* parce qu'elles ne forment un ſon qu'avec le ſecours des voyelles : *b, c,*

A

f, &c. se prononcent comme s'il y avoit *bé*, *cé*, *ef*, &c.

R E M. La lettre *h* ne forme aucun son particulier ; & dans la plûpart des mots elle n'ajoûte rien à la prononciation de la voyelle qui la suit ; alors on l'appelle muette ; comme l'*homme*, l'*honneur*, l'*hérésie*, l'*histoire*, &c. quelquefois elle fait prononcer du gosier la voyelle qui la suit ; on l'appelle alors *h* aspirée. Comme dans *le héros*, *la harangue*, *enhardir*, *rehausser*, *le hameau*, &c.

L'*y* a le son de l'*i* simple dans les mots formés du Grec, & dans *y* ; comme *mystere*, *azyle*, *il y vient*.

L'*y* s'emploie pour deux *ii* dans *employer*, *essayer*, *paysan*, & autres semblables. Prononcez *essaiier*, *emploiier*, *paiisan*.

D E S   M O T S.

Les mots dont on se sert pour exprimer ses pensées sont, le *nom*, l'*article*, le *pronom*, le *verbe*, la *préposition*, l'*adverbe*, la *conjonction*, & la *particule* ou *interjection*.

Les noms sont ou *substantifs*, ou *adjectifs*.

Les *Substantifs* servent à nommer les personnes ou les choses ; les *Adjectifs* ser vent à les qualifier ; l'*Article* les particularise, & en désigne le genre & le nombre : Les *Pronoms* se mettent pour les noms de personne & de chose, ou bien ils désignent par eux-mêmes une personne ou une chose. Ex. *La louange seroit d'un grand prix, si elle donnoit aux personnes à qui on l'adresse, les perfections qui leur manquent.*

Dans cette phrase *la*, *les*, font l'article ; *louange*, *prix*, *personnes*, *perfections*, font des substantifs ; *grand* est un adjectif ; *elle*, *à qui*, *on*, *l'*, *leur*, font des pronoms.

Le *Verbe* est un mot dont le principal usage est de signifier l'affirmation avec désignation de temps, de nombres & de personnes. Ex. *Dieu* récompensera *les jeunes gens vertueux.* Le mot *récompensera*, affirme ce que Dieu fera, & en même-temps il désigne une action future, &c.

Les *Prépositions* marquent avec le mot qui les suit, les différents rapports que les choses ont les unes avec les autres. Ex. *Etudiez* avec application. *Il joue* dans la cour, &c.

L'*Adverbe* exprime quelque circonstance du nom, du verbe, ou même d'un autre adverbe auquel il se rapporte. Ex. *Un enfant* bien *né salue* poliment *les personnes qu'il aborde.*

Les *Conjonctions* servent à joindre ensemble les parties du discours. Ex. *Comportez-vous sagement & avec modestie*, afin que *vous soyez estimé des gens de bien.*

Les *Particules* ou *Interjections* servent à marquer une affection ou un mouvement de l'ame ; comme *hélas, fi, hola.*

En joignant ensemble ces mots, on forme des phrases & des périodes.

DES PHRASES ET DES PÉRIODES,

On appelle *Phrase* la réunion de plusieurs mots qui forment un sens fini. Ex. *L'étude forme le cœur & etend l'esprit.*

On appelle *Période* plusieurs phrases tellement réunies, qu'elles dépendent les unes des autres pour former un sens complet. Ex.

> Autant qu'il faut de soins, d'égards & de prudence,
> Pour ne pas diffamer l'honneur & l'innocence ;
> Autant il faut d'ardeur, d'inflexibilité,
> Pour déférer un traître à la société.   GRESSET.

Dans les *Phrases* & dans les *Périodes*, il faut bien remarquer les expressions incidentes. On appelle ainsi les expressions qui servent à développer quelque partie de la phrase, à donner plus de force & de nombre au discours. Ex. *Souvenez-vous que le jeune homme qui veut devenir vertueux, doit s'accoutumer de bonne heure à suivre l'exemple des gens de bien.* Ici, *qui veut devenir vertueux*, eſt l'expreſſion incidente.

Nous ne devons jamais, en quelque circonſtance que nous nous trouvions, *agir contre le témoignage de notre conſcience.* Dans cette phraſe, *en quelque circonſtance que nous nous trouvions*, eſt la phraſe incidente.

Il nous reſte maintenant à parler en détail des différents mots qui compoſent le diſcours ; mais nous allons auparavant définir ce que nous entendons par le *ſujet*, les *régimes*, & le *vocatif.* Il eſt néceſſaire d'avoir une notion exacte de ces mots, parce que nous les emploierons ſouvent dans la ſuite de notre Ouvrage.

Du Sujet, des Régimes, & du Vocatif.

Le *Sujet* ou le *Nominatif*, eſt ce qui exprime ou déſigne, ſoit la perſonne, ſoit la choſe dont on parle. Ex. *Le menteur eſt généralement mépriſé, il eſt odieux à tout le monde.* Ici, *le menteur, il*, ſont ſujets ou nominatifs. Autres exemples. *Du pain, des légumes, de l'eau, etoient toute la nourriture des ſolitaires.* Du pain, de l'eau, des légumes, ſont ici nominatifs du verbe *etoient.*

Le *Régime* en général, eſt un ſubſtan-

A iij

tif, un pronom ou un verbe, qui particularise la signification d'un autre substantif ou d'un autre verbe. Ex. *Aimons la loi du Seigneur.* Ces mots, *la loi*, particularisent l'action d'aimer ; & ces mots, *la loi*, sont à leur tour particularisés par ceux-ci, *du Seigneur.*

Le *Régime* est ou *simple*, ou *composé.*

Le *Régime simple* particularise le verbe, sans préposition ni exprimée, ni sous entendue. Ex. *Fuyez les flatteurs.*

Nota. Quand un mot qui particularise le verbe peut répondre à la question *qui* ou *quoi*, c'est toujours un *régime simple.* Ainsi dans cette phrase : *Nous mangeons tous les jours* du pain, *nous buvons tous les jours* de l'eau, *sans nous en dégoûter : Du pain & de l'eau* sont *régimes simples* ; parce qu'ils répondent à la question *quoi.* Nous mangeons *quoi ? du pain.* Nous buvons *quoi? de l'eau.* Le *de* qui est avant *pain* & *eau*, n'est pas le *de* préposition, c'est le *de* particule.

Le *Régime composé* particularise le nom ou le verbe par le moyen d'une préposition exprimée ou sous-entendue. Ex. *La charité* du particulier *consiste* à secourir *les pauvres ; celle* de l'homme public *s'exerce* à empêcher *qu'il n'y en ait.* Terrasson. *La sagesse* à chacun *rend ce qu'on doit* lui *ren-*

dre. *Lui* eſt ici *régime compoſé*, parce qu'il eſt mis pour *à lui.* De même, *moi, toi, me, te, nous, vous ſe,* ſont régimes compoſés quand ils ſont pour *à moi, à toi, à nous, à vous, à ſoi.*

Le *Régime ſimple* répond à l'*accuſatif;* le *Régime compoſé,* au *génitif,* au *datif,* ou à l'*ablatif* des Latins.

Le *Vocatif* marque la perſonne à qui on adreſſe la parole. Ex

Grand Dieu! tes jugements ſont remplis d'équité.

Du Nom.

Le *Nom* ſert à nommer ou à qualifier les perſonnes & les choſes. Il y en a de deux ſortes; le *Subſtantif* & l'*Adjectif.*

Du Subſtantif.

Le *Subſtantif* exprime le nom des perſonnes & des choſes; comme l'*homme,* le *cheval,* la *table.*

Le *Subſtantif* eſt ou *commun,* ou *propre,* ou *collectif.*

Le *Subſtantif commun* déſigne un nom qui convient à pluſieurs perſonnes ou à plusieurs choſes, comme *ſoldat, maiſon, Royaume.*

Le *Subſtantif propre* déſigne une perſonne ou une choſe en particulier; comme *Alexandre, Paris, la Seine,* &c.

A iv

Le *Substantif collectif* présente à l'esprit plusieurs personnes & plusieurs choses, ou comm _ fesant un tout, ou comme fesant une partie d'un tout.

Le premier s'appelle *collectif général* ; comme le peuple, l'armée, la forêt, &c.

Le second s'appelle *collectif partitif*, comme une troupe de, une quantité de, &c. Quand nous disons : La plûpart *des hommes font aveugles sur leurs propres défauts* ; ce mot *la plûpart*, présente à l'esprit plusieurs personnes, mais comme fesant partie de tous les hommes.

De l'Adjectif.

L'*Adjectif* exprime la qualité des personnes & des choses. Ex. *Chez les Romains un* même *homme étoit Magistrat* attentif, *Ambassadeur* exact, & *Capitaine* vigilant.

L'*Adjectif* tire son nom du latin *adjectus*, ajouté ; parce que, comme on vient de le voir, il s'ajoute au substantif pour en exprimer quelque qualité.

L'*Adjectif* s'emploie souvent pour le substantif, ou dans le sens du substantif. EXEMPLE.

Rien n'est beau que *le vrai, le vrai* seul est aimable : Nous devons préférer *l'utile á l'agréable.*

Le Vrai est mis pour *la vérité*; l'*utile d*

l'agréable font pour la *choſe utile* à la *choſe agréable.*

Il y a auſſi pluſieurs noms qui ſont tantôt ſubſtantifs & tantôt adjectifs. Par exemple, dans ces phraſes : *Malheur aux mauvais Chrétiens qui irritent la colere de Dieu. La Communion indigne eſt un très-grand* ſacrilege. *Il faut beaucoup de* politique *pour vivre avec les Grands. Un bon* pere *donne trois choſes à ſes enfants, la nourriture, l'éducation & le bon exemple.*

> *Le Vulgaire* a le goût en tout trop partial,
> Dans le vrai, dans le faux, dans le bien, dans le mal.

Dans ces phraſes, *colere, ſacrilege, politique, pere, vulgaire,* ſont ſubſtantifs, parce qu'ils expriment des noms de choſes ou de perſonnes.

Mais dans celles-ci : *Un homme* colere *eſt fort mépriſable & fort à craindre. La conduite des courtiſans eſt* politique *& réſervée. Le Seigneur punit le* ſacrilege *Balthaſar. Louis XIV. fut toujours* Roi *par autorité, & toujours* pere *par tendreſſe,* &c.

Les mots *colere, ſacrilege,* &c. ſont adjectifs, parce qu'ils n'expriment que des qualités.

DES GENRES.

Les *Genres* ſont dans l'origine un rap-

A v

port des mots à l'un ou à l'autre fexe , & en général à tout ce qui eft mâle ou femelle.

Il y a deux genres , le *mafculin* & le *féminin.*

Un mot eft du *mafculin ,* quand il défigne l'homme ou le mâle ; comme *un pere, un lion.*

Un mot eft du *féminin ,* quand il défigne la femme ou la femelle ; comme *une mere , une lionne ,* &c.

Enfuite par imitation on a fait du mafculin ou du féminin les autres fubftantifs, quoiqu'ils n'euffent aucun rapport à l'un ou à l'autre fexe. Par exemple , *le livre , le jeu ,* &c. font mafculins. *La table , la plume* font féminins, quoique ni les uns , ni les autres ne puiffent fe dire ni de l'homme ni de la femme.

On a auffi donné les deux genres aux adjectifs , à l'article , aux pronoms , aux participes des verbes , parce que ces mots doivent fe rapporter à des fubftantifs mafculins ou féminins.

DES NOMBRES.

Il y a deux *Nombres , le fingulier* & le *pluriel.*

Quand le mot ne défigne qu'une perfonne ou une chofe , il eft au *fingulier ;*

comme l'*histoire est utile*, *agréable*.

Quand le mot désigne plusieurs personnes ou plusieurs choses, il est au *pluriel*. Ex. *Les écoliers doivent aimer & respecter leurs maîtres.*

DE L'ARTICLE.

L'*Article* se place avant les noms, détermine l'étendue de leur signification, & désigne le genre & le nombre ; tels sont *le* masc. sing., *la* fém. sing., *les* plur. des deux genres. Ainsi quand on peut mettre *le* ou *un* avant un substantif, il est masculin, & quand on peut mettre *la* ou *une*, il est féminin. Ex.

Le cœur, l'esprit, les mœurs, tout gagne à la culture.

Dans cet exemple, on met *le* avant *cœur*, parce que ce nom est masc., & l'on met *la* avant *culture*, parce que ce dernier mot est fém.

REMARQUE 1re. *Le* & *la* s'écrivent tous deux en cette sorte *l'*, quand le mot qui suit commence par une *voyelle* ou une *h* qui ne se prononce pas. On dit & l'on écrit, l'*amitié*, l'*entretien*, l'*homme*, l'*histoire*, pour *la amitié*, *le entretien*, &c.

2e. Comme les noms françois ne changent point de terminaisons, il n'y a point de cas dans notre langue. Nous exprimons avec des prépositions, & fur-tout avec *de* & *à* les rapports que les Grecs & les La- tins exprimoient par les différentes termi- naifons de leurs noms.

3ᵉ. *Du, des, au, aux,* que l'on voit avant les noms françois qui commençent par une confonne, font mis pour *de le, de les, à le, à les.* Nous difons : *Il eft difficile de fe faire aimer* de tout le *monde. La vertu eft le plus beau* de tous les *biens, & il im- porte* à tous les *hommes de la pratiquer.* Si nous ôtons les mots *tout, tous,* qui fe trou- vent entre *de le, de les, à les,* nous dirons alors : *il eft difficile de fe faire aimer* du *mon- de. La vertu eft le plus beau* des *biens,* & *il importe* aux *hommes de la pratiquer.*

Du Genre des Noms.

Les fubftantifs ne font ordinairement que d'un genre ; les uns font du mafc. comme un *grand ouvrage,* le *joli eventail,* le *bon echaudé,* le *bon légume,* &c.

Les autres font du fém. comme la *jolie epigramme,* la *belle alcove,* une *froide eni- gme,* une *belle horloge ;* &c.

Cependant il y a plufieurs fubftantifs qui ont les deux genres, mais fous diffé- rentes fignifications : comme *un Greffe,* lieu où fe gardent les regiftres d'une Cour de Juftice ; *une greffe,* petite branche qu'on ente fur un arbre ; *le gueules*, couleur rouge, terme de blafon ; *la gueule* d'un chien, d'un loup, &c. *Voyez* notre Grammaire, depuis la p. 26, jufqu'à la p. 40.

Les Adjectifs fe joignent à des Subftantifs mafc. & fém. voilà pourquoi ils ont prefque toujours les deux genres.

Comment dans les Adjectifs, le féminin fe forme du mafculin.

• 1. *R.* Les Adjectifs qui terminent au mafc. par un *e* muet, n'ont qu'une feule terminaifon pour les deux genres. Ex. *Un jeune homme* aimable, docile ; *une demoifelle* aimable, docile, &c.

2. *R.* Quand l'Adjectif termine au mafculin par *é*, *ai*, *i*, & *u*, on ajoute au fém. un *e* muet. Ex. *Senfé, vrai, poli, ingénu*, font au fém. *fenfée, vraie, polie, ingénue.* Excepté *favori*, qui fait *favorite*.

3. *R.* Quand l'Adjectif termine au mafc. par une confonne, on ajoute au fém. un *e* muet après cette confonne. Ex. *Grand, feul, vil, voifin, dur, mauvais, petit*, font au fém. *grande, feule, vile, voifine*, &c.

EXCEPTIONS. Les Adjectifs en *c* fe réduifent aux fept fuivants : *blanc, franc, fec*, qui font au fém. *blanche, franche, féche : caduc, grec, public* & *turc*, qui font au fém. *caduque, grecque* ou *greque, publique* & *turque.*

En *d, nud, crud, verd,* font au fém. *nue, crue, verte.*

En *f,* ils changent *f* en *ve.* *Bref, naïf, neuf, vif,* &c. font *breve, naïve, neuve, vive.*

Long : le seul adjectif en *g* fait *longue.*

Les adjectifs en *el, eil, ol, ul, ien, an, on, as, ais, ès, os, et, ot,* doublent au fém. leur consonne finale, & prennent un *e* muet. *Cruel, vermeil, nul, ancien, paysan, bon, gras, epais, exprès, gros, net, sot,* font au fém. *cruelle, vermeille, nulle, ancienne,* &c.

Mais *frais* fait *fraîche; tiers, tierce. Niais, ras, absout, dissout, tout, complet, discret, inquiet, replet, secret,* prennent seulement un *e* muet; comme *niaise, rase, toute, complete,* &c.

Beau, nouveau, fou, mou, vieux, font encore au masc. *bel, nouvel, fol, mol, vieil* avant un substantif qui commence par une voyelle; comme *le* bel *arbre, le* nouvel *appartement, le* vieil *homme, le* vieil *Adam,* (pour *le péché,* l'homme *pécheur;* on dit ordinairement, *un* vieux *homme,* pour *un homme fort âgé.*) C'est de cette seconde terminaison qu'ils forment leur fém. *belle, nouvelle, folle, molle, vieille. Espagnol* fait *Espagnole.*

Gentil, *benin*, *malin*, font *gentille*, *be-nigne*, *maligne*.

Les Adjectifs, *antérieur*, *citérieur*, *ex-térieur*, *inférieur*, *intérieur*, *majeur*, *meil-leur*, *mineur*, *poſtérieur*, *prieur*, *ſupérieur*, *ultérieur*, prennent un *e* muet au fém. *an-térieure*, *citérieure*, &c.

Les Adjectifr en *eur* formés des ver-bes, changent ordinairement *eur* en *euſe*. *Chanteur*, *porteur*, *danſeur*, *revendeur*, &c. formés des verbes *chanter*, *porter*, *danſer*, *revendre*, font au fém. *chanteuſe*, *porteuſe*, *danſeuſe*, &c.

Enchanteur, *pécheur*, *vengeur*, *bailleur*, *défendeur*, *demandeur*, font au fémin. *en-chantereſſe*, *pécchereſſe*, *vengereſſe*, *baillereſſe*, *défendereſſe*, *demandereſſe*. Les trois der-niers ne s'emploient qu'au palais.

Chaſſeur fait en proſe *chaſſeuſe*, en poé-ſie *chaſſereſſe*.

Pluſieurs Adjectifs en *teur*, formés des adjectifs latins en *tor*, changent au fém. *teur* en *trice*. *Acteur*, *bienfaiteur*, *débiteur*, *conſervateur*, *Electeur*, *lecteur*, *moteur*, *pro-moteur*, *opérateur*, *teſtateur*, *tuteur*, *fau-teur*, *accuſateur*, font au fémin. *Actrice*, *bienfaitrice*, &c. *Empereur* fait *Impératrice*. *Auteur* eſt maſc. & fém. *il* ou *elle* eſt *Au-teur*.

Les Adjectifs en *eux*, *oux*, font *euſe*,

oufe. Heureux, *heureufe*, jaloux, *jaloufe.*

Mais *doux*, *faux*, *roux*, font *douce*, *fauffe*, *rouffe.*

Des dégrés de fignification ou de comparaifon.

Les *Adjectifs* ont trois dégrés de fignification ; le *pofitif*, le *comparatif*, & le *fuperlatif.*

L'*Adjectif*, eft au *pofitif*, quand il exprime fimplement la qualité ; comme *un homme* poli, affable.

L'*Adjectif* eft au *comparatif*, quand outre la qualité, il exprime comparaifon ; comme *meilleur*, *moindre*, *pire*. Ces trois adjectifs expriment feuls une comparaifon. Avant les autres adjectifs, on met *plus* pour marquer un comparatif de fupériorité ; comme l'*Afie eft* plus *grande que l'Eu-rope.*

Moins, avec l'adjectif, marque un comparatif d'infériorité ; comme l'*Afrique eft* moins *peuplée que l'Europe.*

Auffi, avec l'adjectif, exprime un comparatif d'égalité ; comme l'*hiftoire eft* auffi *utile qu'agréable.*

Nota. Il n'y a que notre comparatif de fupériorité qui réponde au comparatif latin ; *plus faint*, fanctior.

L'*Adjectif* eft au *fuperlatif*, quand il exprime la qualité dans un très-haut ou dans le plus haut dégré.

Le *Superlatif* eſt de deux ſortes, l'un *abſolu*, l'autre *relatif*.

Le *Superlatif abſolu* exprime une qualité au ſuprême dégré, mais ſans aucun rapport à une autre choſe : pour lors l'adjectif eſt précédé de *très*, *fort*, ou *bien*. Ex. *Lille*, *capitale de la Flandre Françoiſe*, *eſt une ville* très-belle *&* fort marchande.

Le *Superlatif relatif* exprime la qualité dans le plus haut dégré, avec rapport à quelque autre choſe : pour lors on met *le*, *mon*, *ton*, *ſon*, *notre*, *votre*, ou *leur* avant *meilleur*, *moindre*, *pire*, *plus*, *moins ;* comme *le menſonge eſt* le plus bas *de tous les vices.* Son meilleur *ami*, leur moindre *ſouci*, notre plus grand *ami*. C'eſt comme s'il y avoit, le meilleur *de ſes amis*, &c.

Mais ſi avant *meilleur*, *moindre*, *pire*, *plus* ou *moins*, il n'y avoit que *de*, *à*, *à de*, ce ſeroient des comparatifs, & non des ſuperlatifs. Ex. *Pour ſe fortifier dans la vertu*, *il n'y a rien* de meilleur *que le bon exemple. Il ne faut pas ſe fier* à plus *fin que ſoi.* Dans ces phraſes de *meilleur*, à *plus fin*, ſe traduiroient en latin par le comparatif.

DES NOMS DE NOMBRE.

Les noms de *Nombre* ſervent à compter, ou expriment quelque quantité ; comme *un*, *deux*, &c. le *premier*, le *ſecond*, &c. ils ſont ou ſubſtantifs, ou adjectif.

Les *Nombres adjectifs* ſont ou *Cardinaux* ou *Ordinaux.*

Les *Nombres Cardinaux* ou *principaux* marquent le nombre des choſes, & répondent à cette queſtion. *Combien y en a-t-il ? un*, *deux*, *trois*, *quatre*, *cent*, *mille*, &c. Ils ne varient pas leurs terminaiſons.

Exceptions. *Un*, au fém. *une*, fait au plur. *les uns*, *les unes. Cent* au plur. & *vingt* dans *quatre-vingt*, *ſix-vingt*, prennent une *s* lorſqu'ils ſont ſuivis d'un ſubſtantif ; comme, *deux* cents *hommes*, *quatre-vingts elephants*, *ſix-*vingts *hommes.*

Mais *cent* & *quatre-vingt* s'écrivent ſans *s*, lorſqu'ils ſont ſuivis d'un autre nombre ; comme *trois* cent *ſoixante chevaux*, *quatre* vingt-*deux hommes.*

On écrit, *deux* mille *hommes :* mais s'il eſt queſtion de dater les années, il faut ecrire *mil. Le pain fut très-cher en* mil *ſept* cent neuf.

Les *Nombres Ordinaux* marquent l'ordre & le rang ; ils répondent à cette queſtion : *le quantieme eſt-il ?* le *premier*, le *ſecond* ou le *deuxieme*, le *troiſieme*, &c.

Rem. On emploie les nombres *Cardinaux* au lieu des *Ordinaux.* 1°. En parlant

des heures & des années courantes ; com-
me, *il eſt* trois *heures* ; *l'année* mil ſept cent
cinquante-cinq. 2°. En parlant des Prin-
ces ; comme *Louis* neuf, *Henri* quatre,
Louis quinze, *Innocent* onze, &c. On dit
cependant, *François* premier, *François* ſecond ; c'eſt-à-dire, qu'après les noms des
Princes, on ne met point *un*, *deux*.

Les Latins, dans ces occaſions, em-
ployoient les nombres *Ordinaux*. *Il eſt arrivé* à une heure, à quatre heures. *Horâ
primâ, horâ* quartâ *advenit. Henri* quatre,
Henricus quartus. Ils mettoient aussi de
ſuite pluſieurs nombres *Ordinaux* ; en
françois il n'y a que le dernier nombre
qui puiſſe être *ordinal*. Ex. *Anno urbis con-
dita* ſexcenteſimo ſeptuageſimo ſexto *mor-
tuus eſt Nicomedes Rex Bithyniæ*. La *ſix cent
ſoixante*-ſeizieme *année de la fondation de
Rome, mourut Nicomede, Roi de Bithynie.*
&c.

Les nombres *Cardinaux* ou *Principaux*
ſont ainſi appellés, parce qu'ils ſont les
principes des autres nombres, & qu'ils
ſervent à les former.

Les nombres *Ordinaux* ſe forment des
Cardinaux en cette ſorte. Si le nombre
Cardinal finit en *e*, on change cet *e* en
ieme, quatre, *quatrieme*, trente, *trentieme*,
&c. Si le nombre Cardinal finit par une

confonne, on ajoute *ieme* : deux, *deuxie-me*, trois, *troifieme*, vingt & un, *vingt & unieme.*

Dans ceux en *f* on change *f* en *v* ; neuf, *neuvieme* ; dix-neuf, *dix-neuvieme.*

Les nombres *Subftantifs* font ou *collec-tifs*, ou *diftributifs*, ou *proportionnels.*

Les *Collectifs* marquent une certaine quantité de chofes comme réuniés. Ce font, *une demi-douzaine, une huitaine, une neuvaine, une dixaine, une douzaine, une quinzaine, une vingtaine, une trentaine, une quarantaine, une cinquantaine, une foi-xantaine, une centaine, un millier, un mil-lion*, &c.

Les *Diftributifs* expriment les parties d'un tout, comme la *moitié*, le *tiers*, le *quart*, un *cinquieme*, &c. felon que la cho-fe eft partagée en deux, en trois, en qua-tre, &c.

Les *Proportionnels* font le *double*, le *tri-ple*, le *quadruple*, &c. *Voyez* fur tous ces noms de nombre notre Grammaire Fran-çoife.

DE LA FORMATION DU PLURIEL
des Noms foit Subftantifs, foit Adjectifs.

1. *R.* Le plur. eft femblable au fing. dans tous les noms qui terminent au fing.

par *s*, *x*, ou *z*. Ex. Le *fils*, les *fils* ; la *voix*, les *voix*, le *nez*, les *nez*.

2. *R.* Les noms qui finiſſent au ſing. par une autre lettre que par *s*, *x*, ou *z*, prennent ordinairement une *s*, au plur. Ex. Le *livre*, les *livres* ; la *bonté*, les *bontés* ; le *Marchand* eſt *diligent*, les *Marchands* ſont *diligents*.

EXCEPTIONS. 1°. *Loi* fait les *loix* ; *tout*, *gent*, font *tous* les *gens*.

2°. Les noms en *au*, *eau*, *en*, *œu*, *ou*, prennent au plur. une *x*. Ex. L'*eau*, les *eaux*, le *feu*, les *feux*, le *vœu*, les *vœux*, le *caillou*, les *cailloux*.

Bleu, *clou*, *trou* & *matou*, font *bleus*, *clous*, *trous* & *matous*.

3°. Les noms en *al* ont le plur. en *aux*. Ex. Le *cheval* eſt *egal* ; les *chevaux* ſont *egaux*.

Cependant *bal*, *pal*, *cal*, *régal*, *bocal* & *carnaval*, font au plur. *bals*, *cals*, &c. On dit auſſi *des cierges paſchals*.

Les Adjectifs *auſtral*, *boréal*, *conjugal*, *fatal*, *filial*, *final*, *frugal*, *naval*, *paſtoral*, *trivial*, *vénal*, n'ont point de plur. maſc.

4°. Parmi les noms en *ail*, ceux-ci *bail*, *ail*, *corail*, *email*, *ſoupirail*, *travail*, ont le plur. en *aux*. Les *baux*, les *aux*, ou *aulx*, des *coraux*, des *emaux*, &c.

Le *bétail* , au pluriel les *beftiaux.*

Au contraire, *attirail, camail, even-tail, détail, portail, férail,* le *mail,* font au plur. les *attirails,* les *camails,* &c. *Bercail* & *egail,* font fans plur.

Aïeul, ciel, œuil ou *œil,* & *pénitenciel,* (qui n'eft plus en ufage) font au plur. les *aïeux, cieux,* les *ieux* ou *yeux, les Pfeaumes pénitenciaux.*

Cependant on dit au plur. des *ciels de lit,* les *ciels d'un tableau,* d'une carriere ; des *œuils* de bœuf, terme d'Architecture.

DES PRONOMS.

LE *Pronom* eft un mot que l'on met ordinairement à la place des Noms pour en eviter la répétition. Ex.

A la Religion foyez toujours fidele ;
Les mœurs & les vertus ne fauvent point fans *elle.*

Le mot *elle* eft ici pour *la Religion.*

Les différentes fortes de *Pronoms* font les *perfonnels,* les *relatifs,* les *abfolus,* les *indéfinis,* & les *démonftratifs.*

DES PRONOMS PERSONNELS.

Les *Pronoms perf.* défignent les perfonnes , ou tiennent la place des perfonnes. Tels font :

Pour la 1re. perſonne , *je , me , moi ,*
ſing. *nous ,* plur. Ils ſont des deux genres.

Pour la 2e. perſ. *tu , te , toi ,* ſing. *vous ,*
ſing. & plur. des deux genres.

Pour la 3e. perſ. *il ,* maſc. ſing. *ils , eux ;*
maſc. plur. *elle ,* ſing. fém. *elles ,* plur. fém.
ſoi , des deux genres & des deux nombres ;
lui , m. & f. ſing. *leur ,* pl. des deux genres.

R e m. *Tu , te , toi , & ton , ta , tes , le
tien , la tienne ,* &c. ne s'emploient en proſe , que quand on parle à une perſonue
dont on eſt ami intime , ou contre laquelle
on eſt en colere. C'eſt ce qu'on appelle tu-
toyer. Au lieu de *tu , te , toi ,* on ſe ſert de
vous ; & au lieu de *ton , le tien ,* &c. on ſe
ſert de *votre , le vôtre ,* &c.

R. 2e. *Lui , eux , elle , elles ,* ne ſe diſent point des choſes inanimées , quand ils
ſont en rég. comp. ni même quand ils ſont
en rég. ſimp. ſuivis de *qui* ou *que.* Ainſi ne
dites point en parlant d'un livre , d'une
plume , &c. *c'eſt* lui qui *eſt bon ,* que *je liſois ; c'eſt* avec elle que *j'ai écrit ,* &c. dites ,
c'eſt celui-ci , *c'eſt ce livre qui eſt bon , que je
liſois ; c'eſt avec cette plume que j'ai écrit ,* &c.

Je crois qu'après avoir parlé d'un cou-
teau , d'une tabatiere , ou autre choſe inanimée , on peut demander , *eſt-ce lui , eſt ce
là elle ?* & que l'on peut répondre , *c'eſt
elle , c'eſt elle-même.. Sont-ce là vos chevaux ?*

oui ce ſont eux. On peut auſſi en ces occaſions ſe ſervir de *ce l'eſt, ce les ſont* ; comme, *eſt-ce là votre tabatiere ?* oui, *ce l'eſt. Sont-ce là vos livres ?* oui, *ce les ſont.*

Au lieu de *de lui, d'elle, d'eux, d'elles,* on ſe ſert du relatif *en* ; & au lieu de *à lui, à eux, à elle, à elles,* on emploie le relatif *y.* EXEMPLE.

> La vie eſt un dépôt confié par le ciel :
> Ofer *en* difpoſer, c'eſt être criminel.

Et non-pas, difpoſer *d'elle.*

Je vous recommande mon affaire, penſez-*y*, faites-*y* attention ; & non-pas, penſez *à elle*, faites attention *à elle.*

En parlant d'un arbre, d'une table, ou autre choſe inanimée, ne dites pas ; j'*étois* ſous lui, près d'elle, *il n'y a perſonne dans* elle : dites, j'*étois* deſſous, j'*en étois* près : *il n'y a perſonne* dedans.

Mais *lui, eux, elle, elles* s'emploient en rég. ſimpl. & comp. quand ils ſe rapportent aux choſes qu'on perſonnifie ; c'eſt-à-dire, auxquelles on attribue ce qui convient aux perſonnes. Ex. *Le torrent entraîne* avec lui *tout ce qu'il rencontre.*

> Dorilas, quand la Nuit nous rend l'obſcurité,
> En paroît toujours attriſté,
> Mais ce n'eſt pas à cauſe d'*elle* ;
> C'eſt parce que le jour epargne la chandelle.
>   DE CAILLY,

S O I.

Soi. On ſe ſert du pron. *ſoi*, 1°. en parlant des choſes ou de l'extérieur d'une perſ. Ex. *L'aimant attire le fer* à ſoi. *Cette perſonne eſt fort propre ſur* ſoi. On pourroit dire auſſi, *eette perſonne eſt fort propre ſur* elle. 2°. En parlant des perſonnes en gé-néral. Ex.

On a ſouvent beſoin d'un plus petit *que ſoi.*

REM. *Moi*, *toi*, *ſoi*, *nous*, *vous luî*, *eux*, *elle*, *elles*, s'ajoutent quelquefois aux ſujets & aux rég. pour affirmer plus forte-ment, pour donner plus d'energie au diſ-cours, ou pour marquer une oppoſition.

Moi, *je m'arrêterois à de vaines menaces*,
Et je fuirois l'honneur qui m'attend ſur vos traces !

Les *indiſcrets* ſe *trahiſſent ſouvent* eux-mêmes. Un *Marquis cordon - bleu voyant paſſer une Dame qui avoit beaucoup de dia-mants*, *dit aſſez haut* : *j'aimerois mieux les diamants que la Dame. Et moi*, *repliqua la Dame*, *j'aimerois mieux le licou que la bête.*

DES PRONOMS RELATIFS.

Les *Pron. rel.* ſont ceux qui ont raport à un nom ou à un pron. qui précede. Tels ſont *qui*, *que* des 2 genres & des 2 nom-bres. *Lequel* ſ. m. *laquelle* ſ. f. *leſquels* pl. m. *leſquelles* pl. f. *Dont*, *quoi*, *y*, *en* des

B

2 genres & des 2 nombres. *Le*, *la*, *les*.

Qui eſt rel. quand il peut ſe tourner par *lequel*, *laquelle*. *Qui* ſans prép. déſigne le ſujet, & il ſe dit des perſ. & des ch. E x.

Négligez les plaiſirs funeſtes aux humains,
La douleur *qui* les ſuit apprend qu'ils ſont bien vains.

Qui précédé d'une prép. ne ſe dit que des perſ. E x. *Il faut bien choiſir les amis à qui on veut donner ſa confiance.*

Un célebre Grammairien a fait une faute en diſant : *Les noms propres de Provinces gardent l'article* . . . . . *quand les mots* avec *qui ils ſont joints ne ſignifient point demeure*, &c. il faut les mots avec *leſquels*.

L'antécédent du rel. *qui* eſt quelquefois ſous-entendu. Ex. Qui *n'a point d'education reſſemble à un corps ſans ame*, c. à d. celui qui n'a point, &c.

Que ordinairement rég. ſimp. eſt en rég. comp. dans certaines phraſes où il eſt mis pour *lequel* & une prép. E x.

Dieu punit les forfaits *que* leurs mains ont commis,
Ceux *qu'*ils n'ont point vengés,& ceux *qu'*ils ont permis.

C'eſt de la bonne ou de la mauvaiſe education que dépend preſque toujours le bonheur ou le malheur de la vie. Que eſt ici pour *de laquelle*. . . . . *Une fontaine ne peut jetter de l'eau douce par le même tuyau qu'elle jette de l'eau ſalée*, c. à d. *par lequel elle jette*, &c.

Lequel ne s'emploie en fujet & en rég. fimp. que pour eviter toute equivoque, ou deux *qui* de fuite. Hors de ces cas on emploie *qui* & *que*. Ex. *C'eft un effet de la divine Providence*, lequel *attire l'admiration de tout le monde*. Au lieu de dire : *certaines plaintes* qui *n'ont rien* qui *les diftingue*. Le P. Bouhours a dit : *certaines plaintes* lefquelles *n'ont rien* qui, &c.

Lequel en rég. comp. fe dit des perf. & des ch. On doit furtout s'en fervir en parlant des chof. Ex. *Les fciences* auxquelles *vous vous appliquerez pendant votre jeuneffe, vous formeront le cœur & l'efprit : elles vous rendront capables de remplir les devoirs de l'état* auquel *Dieu vous deftine*.

Dont toujours rég. comp. fe dit également des perf. & des ch. il fe met pour *duquel, de laquelle, defquels, defquelles*, qui ne peuvent fuivre immédiatement le fubftantif auquel ils fe raportent. Ex.

> Aux bons mots que l'on dit, Damon joignez les vôtres
> Mais faites quand vous en direz,
> Que ceux *dont* vous vous raillerez
> Puiffent rire comme les autres.

Le *menfonge eft un vice* dont *les jeunes gens ne fauroient avoir trop d'horreur*. Ce qui eft beaucoup mieux que, ceux *defquels*, un vice *auquel*.

Quoi quelquefois rég. ſimp. preſque touj. comp. ne ſe dit que des ch. abſolument inanimées. Ex. *Votre frere m'a dit beaucoup de choſes : ne me demandez pas* quoi, *car il m'a fait un galimathias* à quoi ou auquel *je n'ai rien compris.*

Quoi s'emploie pour *lequel, duquel, auquel,* &c. qui ne doit pas ſe raporter à un mot dont le ſens eſt indéfini ou indéter-miné, comme *ce, rien.* Ex. *Il n'y a* rien ſur quoi *on ait plus travaillé. Nous devrions travailler à guérir les maladies de l'ame,* c'eſt à quoi *cependant nous ne penſons guere.*

Y & EN. *Y* ſe dit des ch. & quelquefois des perſ. *En* ſe dit également des perſ. & des ch. Ex.

L'honneur eſt comme une île eſcarpée & ſans bords,
On n'y peut plus rentrer dès qu'on en eſt dehors.

On ſe ſert bien du pron. *y* avec raport aux perſ. dans les réponſes aux interroga-tions, comme : *penſez-vous à lui, à eux ?* oui j'y *penſe.*

Le, la, les rég. ſimpl. ſe diſent des perſ. & des ch. Ex. *La victoire qu'il tient déja, un coup de ſabre qu'il reçoit ſur la tête eſt ſur le point de la lui ravir.* M. Maſſillon or. fun. du Prince de Conti.

On ne doit pas omettre *le, la, les* avant *lui* & *leur,* quand le verbe doit avoir deux reg. l'un de la perf. & l'autre de la ch. c'eft ce qu'on vient de voir dans l'Ex. précéd. ainfi il y a une faute dans ce qui fuit. *Le Duc de Bouillon fut obligé de céder au Roi* (Henri IV.) *la ville de Sédan ; mais ce Prince content de fa foumiffion* lui *rendit au bout d'un mois.* Il falloit *la lui* rendit. *Lui ,* pour *au Duc de Bouillon ,* la pour *la ville.*

Où , d'où , par où peuvent être regardés comme pron. relat. quand ils s'emploient pour *auquel , à laquelle , &c. dans lequel , dans laquelle , duquel , de laquelle , par le-quel , par laquelle , &c.* comme : *Philippe dit à fon fils Alexandre , en lui donnant Ari-ftote pour précepteur ; apprenez fous un fi bon maître à éviter les fautes* où *je fuis tombé. Où* eft là pour *dans lefquelles. Henri IV. regar-doit la bonne éducation de la jeuneffe comme une chofe* d'où *dépend la félicité des Royaumes & des peuples. D'où* eft pour *de laquelle.*

DES PRONOMS ABSOLUS.

Qui , quel , que , quoi s'appellent pron. abfolus , quand ils n'ont point de raport à un nom qui précede ; comme : *je fais qui vous a appellé.*

Qui pron. abfol. ne fe dit que des perf. ainfi ne dites point avec l'Auteur d'une Géographie : *qui* font les Etats du Nord ? il faut dire , *quels* font les Etats du Nord ?

Qui & *quel* font fujets , quand ils peuvent fe tourner par *quel eft celui* , ou *quelle eft celle* qui ; comme : *dites-moi* QUI *m'a appellé* ; c. à d. *quel eft celui* qui *m'a appellé.*

Qui & *quel* font rég. quand ils peuvent fe tourner par *quel eft celui* , *quelle eft celle* que. Ex. *Je fais* QUI *vous prétendez accufer,* c. à d. *je fais quel eft celui* que *vous prétendez accufer.* J'ignore LAQUELLE *je prendrai* , c. à d. *quelle eft celle* que *je prendrai.*

Que ordinairement rég. fimple , fe met quelquefois pour *à quoi* & *de quoi.* Il fignifie *quelle chofe* ; c'eft le *quid* des Latins. Ex. Que *dites-vous de nouveau ?* Que *fert-il à l'avare d'avoir des thréfors ?* Que *fert la fcience fans la probité ?* c. à d. *de quoi fert-il* , *à quoi fert la fcience* , &c.

Quoi fignifie *quelle chofe* , comme : quand on ne s'applique p᷈   'ans la jeuneffe , on ne fait *à quoi* ou ᷆ ᷊uelle chofe s'occuper dans l'âge viril.

Quoi eft d'un ufage indifpenfable , quand il doit tenir lieu d'un membre de phrafe ; comme : *avec la prodigalité vous ferez généreux pendant fix mois* , après quoi *vous ne pourez plus l'être : avec la fa᷈ economie vous ferez généreux toute votre vie.* Ici *après quoi* eft mis pour , *après que vous aurez été généreux pendant fix mois.*

Il a manqué à fon ami , à fon bienfaiteur ,

en quoi *il eſt doublement coupable.* Dict. Acad.

Dans ces exemples on ne pouroit pas employer quelle choſe.

DES PRONOMS INDÉFINIS.

Les *pron. indéf.* ſont ceux qui expriment un objet vague & indéterminé. Tels ſont *on , quelqu'un , perſonne , rien , ce , celui , autrui , l'un l'autre.* Quand je dis , *on frape à la porte , quelqu'un vous appelle ;* je parle d'une perſ. mais je ne déſigne pas quelle elle eſt.

On , m. ſing. déſigne le ſujet. Ex.

Ce qu'on donne aux méchants , toujours on le regrette.

REM. Quoique *on* & le verbe qui s'y raporte ſoient au ſing. je crois qu'il faut dire : on *ſe battit* en deſeſpérés au plur. parce que c'eſt comme s'il y avoit, on *ſe battit* en gens deſeſpérés, ou comme des gens deſeſpérés.

REM. 2. *On* après les mots *ſi , & , ou ,* eſt ordinairement précédé de *l'.* Ex. Si l'on *ſavoit borner ſes deſirs , on eviteroit bien des maux ,* & l'on *ſe procureroit beaucoup de biens.*

On obſerve la même choſe quand *on* doit ſe trouver entre *que* & la ſyllabe *com* ou *con.* Ex. *On apprend beaucoup mieux les cho-*

ses que l'on comprend, *que celles* que l'on ne comprend pas.

Quelqu'un. On ne dit pas *un quelqu'un.* Dites, quelqu'un *qui sait la politesse a soin de ne rien dire de désobligeant à personne.* Plusieurs personnes font cette faute.

Chacun est singul. Cependant dans les phrases où il y a un plur. dont *chacun* doit faire la distribution, on emploie *leur* quand on place *chacun* avant le rég. du verbe ; comme : *ils ont apporté* chacun *leur offrande & ont rempli* chacun *leur devoir de religion. Chacun* est ici avant *leur offrande, leur devoir* rég. des verbes.

Si l'on place *chacun* après les rég. du verbe, alors on emploie *son, sa, ses* après *chacun.* Comme : *ils ont tous apporté des offrandes au temple, chacun selon ses vues & sa dévotion. Cirus après la mort de Balthasar récompensa tous ses Officiers, chacun selon ses mérites & ses services.*

Personne précédé ou suivi de *ne* signifie *nul homme,* & répond au *nemo* des Latins. Comme : ne *méprisez* personne. *Bien des gens se plaignent de leur mémoire* ; personne ne *se plaint de son jugement.*

Personne sans négation signifie *quelqu'un* ou *aucun,* en latin *quisquam.* Ex. *Je doute que* personne *ait mieux connu les hommes que la Bruyere.*

Rᴇᴍ. *Perfonne* eſt *m. f.* ainſi quoiqu'on diſe en parlant d'un homme ; *je ne connois* perſonne ſi prudent *que lui ;* on ne dit point en parlant à une femme ; *je ne connois per-ſonne ſi prudente, ſi heureuſe que vous.* Il faut dire, en ſe ſervant du ſubſtantif *per-ſonne ; je ne connois point* de perſonne ſi pru-dente, ſi heureuſe que vous.

Rien pron. m. ſing. Précédé ou ſuivi de *ne,* il ſignifie *nulle choſe,* en latin *nihil.* L'adjectif qui ſuit immédiatement le pron. *rien* doit être précédé de la prép. *de.* Ex. *Quand on n'a* rien de grand *que la naiſſance, on eſt & l'on paroît d'autant plus petit que cette naiſſance eſt plus grande.* M. Trublet.

Rien ſans négation ſignifie *quelque choſe,* en latin *quicquam.* Ex. Rien *flatte-t-il ſi dé-licieuſement l'eſprit & l'oreille, qu'un diſ-cours ſagement penſé & noblement exprimé.* M. d'Olivet

Ce. Le verbe *être* joint à *ce* eſt toujours à la 3ᵉ perf. du ſing. quand il eſt ſuivi de *moi, toi, nous, vous,* ou d'un rég. comp. Ex. *C'eſt moi, ce ſera toi, nous, vous ; c'etoit à eux, à elles, à nous,* &c. *Eſt, ſera* ſont ici à la 3e perf. quoique joints *à moi, toi, nous, vous* De plus *ſera* ſe trouve au ſing. quoique joint aux plur. *nous, vous.*

Mais ſi *ce* & *être* font ſuivis des pron. *eux, elles,* ou d'un nom plur. ſans prép.

alors le verbe fe met au plur. Ex. Ce font
vos ancêtres , qui par leurs vertus & leurs
belles actions vous ont mérité la qualité de no-
bles : ce font *eux qui vous rendent illuftres ;*
imitez-les , fi vous ne voulez pas dégénérer.

Autrui fans genre, ni nombre, ne fe dit
que des perf. Ex. *Ne faites pas à autrui ce*
que vous ne voudriez pas qu'on vous fît.

REM. Comme *autrui* n'a point de nombre, je ne crois pas qu'on puiffe dire : *En*
epoufant les interets d'autrui, *nous ne devons*
pas epoufer leurs *paffions.* Je ne dirois pas
non plus *fes paffions ;* mais je mettrois *nous*
ne devons pas en *epoufer les paffions.* Je crois
que le mot autrui préfentant quelque chofe
d'indéterminé , on ne doit y faire raporter
ni *fon , fa , fes ,* ni *leur , leurs.*

L'un l'autre , l'une l'autre , &c. Quand
ces mots ne font point féparés , ils expriment un raport réciproque entre plufieurs
perf. ou plufieurs ch. Alors *l'un , l'une* font
touj. fans prépof. *l'autre , les autres* peuvent être précédés d'une prép. & ils fe raportent au régime auquel ils font ajoutés.
Ex. *Les petits fouffrent prefque toujours de la*
guerre que les Grands fe *font* les uns aux
autres.

L'un , l'autre employés féparément marquent divifion de pluf. perf. ou de pluf. ch.
Alors *l'un, l'une,* &c. font mis pour les perf.

ou les ch. dont on a parlé d'abord ; *l'autre & les autres* pour les perf. ou les ch. dont on a parlé en dernier lieu. Ex. *La mauvaiſe fortune eſt plus avantageuſe à l'homme que la bonne :* l'une *ſert à le faire rentrer en lui-même , à l'humilier & à le convaincre de l'inconſtance des choſes du monde ;* l'autre *ne ſert ſouvent qu'à l'enorgueillir.*

DES PRONOMS DE'MONSTRATIFS,

Les *pron. démonſt.* indiquent & mettent, pour ainſi dire , ſous les yeux la perf. ou la ch. dont ils tiennent la place. Tels ſont , *ceci , cela , celui-ci , celui-là.*

Ceci , cela , maſc. ſing. ne ſe diſent que des ch. Ex. *Ameublements , habillements , equipages, rien de tout* cela *ne rend un homme plus grand ni plus eſtimable , &c.* Ceci *eſt tiré du traité des etudes de M. Rollin.*

Celui-ci , celui-là , au fém. *celle-ci , celle-là* pour le ſing. au plur. *ceux-ci , ceux-là* m. *celles-ci , celles-là* fem. ſe diſent des perſonnes & des choſes.

Celui-ci , celle-ci , &c. déſignent des objets proches ; & *celui-là , celle-là , &c.* des objets eloignés. Ex. *Le corps périt , l'ame eſt immortelle ; cependant tous les ſoins ſont pour* celui-là , *tandis qu'on néglige* celle-ci.

Des Adjectifs pronominaux.

Mon , ton , fon , m. f. s'emploient auffi au f. quand ils font fuivis d'un adjectif qui commence par une voyelle ou une *h* non afpirée ; comme *mon ame , fon indifférence, ton humeur.* Hors de ce cas *mon , ton , fon ,* font au f. *ma, ta , fa.* Ils font au plur. *mes, tes , fes* pour les 2 genres. *Ma fœur , mes fœurs. Sa harangue.*

Notre , votre , leur fing. des 2 genres , font au pl. *nos , vos , leurs* auffi pour les 2 genres.

Nota. Ne confondez pas *leur* joint au verbe , avec *leur* joint au nom. *Leur* joint au verbe ne prend jamais d'*s. Leur* joint au nom prend une *s* quand le nom eft au plur. Ex. *Le pardon des ennemis ne confifte pas feulement à ne* leur *nuire, ni dans* leur *réputation , ni dans* leurs *biens ; il faut encore les aimer véritablement , &* leur *faire plaifir , fi l'occafion s'en préfente.*

Le mien, le tien, le fien, le nôtre , le vôtre , le leur , font au f. *la mienne ,* &c. *la vôtre , la leur.* Ils forment le plur. en ajoutant une *s. Les miens ,* &c. *les nôtres , les leurs.*

R. 1. *Le mien, le tien, le fien, le nôtre , le vôtre , le leur ,* fe raportent toujours à quelque nom qui précède ; ainfi ne commencez

pas une lettre par : *j'ai reçu la vôtre.* Dites :
j'ai reçu votre lettre.

R. 2. *Son , fa , fes , leur* ne peuvent pas
toujours fe joindre à un fubftantif de chofes inanimées.

Quand *fon , fa , fes , leur , leurs* font précédés d'un fubft. de chofes inanimées , ils
ne peuvent fe joindre à un fecond fubft.
fans prép. que quand le fecond fubft. eft
dans la même phrafe & fe raporte au même
verbe que le premier. On dira bien , *la
Seine a fa fource en Bourgogne , & fon* embouchure *au Havre de Grace ;* parce que
la Seine , fa fource , fon embouchure font
dans la même phrafe.

Mais on ne dira pas : *Paris eft beau , j'admire fa grandeur , les bâtiments , fes* promenades. *Ces arbres font bien expofes , cependant* leurs fruits *ne font pas bons.* Il faut
alors fe fervir du pron. *en ,* & dire : *Paris
eft beau , j'en admire la grandeur , les bâtiments , &c. Ces arbres font bien expofes , cependant les fruits n'en font pas bons.*

Nota Cette regle n'a lieu que quand
fon , fa , fes , leur font en fujet ou en rég.
fimp. car quoiqu'on ne dife pas , *Paris eft
beau , on admire fes bâtiments , fes belles promenades ;* on dira bien , *Paris eft beau , on
admire la beauté de fes promenades , de fes
Eglifes , &c.*

R. 3. Le *mien*, *le tien*, *le fien*, *le vôtre*, *le nôtre*, *le leur*, *celui*, ne peuvent fe rapporter aux fubft. de ch. comme *ame*, *bel efprit*, *plume*, *épée*, &c. quand ces fubft. font mis pour la perf. On dit en parlant d'un excellent Ecrivain : *il n'y a pas dans l'Académie une meilleure* plume que lui, que Monfieur ; & non pas *que la fienne*, *que celle de Monfieur. Il n'y a pas au monde de meilleure* épée que vous. Si l'on difoit, *il n'y a pas de meilleure* épée que la vôtre, cela fignifieroit, *l'épée que vous avez eft de la meilleure trempe.* Bouhours.

R. 4e. Les Pronoms *je*, *tu*, *il*, *me*, *te*, *fe*, *nous*, *vous*, rendent quelquefois inutiles *mon*, *ton*, *fon*, *notre*, *votre*, *leur* ; c'eft lorfqu'il n'y a point d'equivoque à craindre, ou qu'au lieu du verbe & de *mon*, *ton*, *fon*, *notre*, *votre*, ou *leur*, on peut employer un verbe pronominal, c. à d. qui a deux pron. de la même perf. On dit, *j'ai mal* à la tête, *vous avez mal* aux ieux, *il s'eft fait mal* à la jambe ; & non pas, *j'ai mal* à ma tête, *vous avez mal* à vos ieux, &c.

Quand je dis *j'ai mal à la tête*, on conçoit affez que c'eft à la mienne. Mais il faut dire, *je vois que ma jambe s'enfle*, parce que je puis voir enfler la jambe d'un autre auffi bien que la mienne.

On dit auffi, *quelque chofe qu'il faffe il fe*

trouve toujours fur fes jambes. Je l'ai vu de mes propres ieux. Vous l'avez entendu de vos propres orcilles.

On peut auffi employer *mon , ton , fon , leur , &c.* quand on parle d'un mal habituel : comme , *ma migraine m'a violemment tourmenté. Son mal de dents l'a repris ,* &c.

R. 5e.•*Mon , ton , fon , notre , votre , leur* fe répetent 1°. avant chaque fubftantif, 2°. avant les adject. qui fignifient des ch. différentes. Ex. Son *pere &* fa *mere font venus ;* & non pas , fes *pere & mere ,* &c. J'ai lu fes *grands &* fes *petits ouvrages.*

Ce , m. f. s'emploie avant un nom qui commence par une confonne ou une *h* afpirée. Comme : *ee livre , ce Héros. Cet ,* m. f. fe met avant une voyelle ou une *h* non afpirée. *Cet enfant , cet homme. Cette* eft f. f. comme *cette ville. Ces* eft plur. des œux genres , *ces hommes , ces villes.*

Ce. On ajoute quelquefois *ci* & *là* après le fubft. qui fuit *ce.* Ex. *Ce livre-ci , ce jour-là ;* mais ne dites point , *ce livre ici , cet homme ici.*

Quelque . . . . . que fignifie à peu près la même ch. que *quoique.* Quand il y a un fubftantif entre *quelque* & *que ,* alors on met *quelque* au même nombre que ce fubft. Ex. *Quelques efforts qu'on faffe pour cacher la vérité , tôt ou tard elle fe découvre.* (En latin , *quantufcunque , quantus-libet.*)

Quand il n'y a qu'un adj. entre *quelque* & *que*, alors *quelque* ne prend point d's au plur. Ex. Quelque habiles, quelque éclairés *que vous foyez, ne faites pas un vain étalage de votre science.* (En latin, *quantumvis.*)

Quel que en deux mots. *Quel* suivi de *que* défigne une qualité & répond au *qualifcumque* des Latins. Il faut fe fervir de *quel que*, quand on veut placer le fubft. après le *que* & le *verbe*. Ex.

L'homme le mieux vengé quelle que foit l'offenfe,
Doit être le premier à pleurer fa vengeance.

Mais fi l'on plaçoit un fubft. ou un adj. avant le *que* & le *verbe*, on emploieroit alors *quelque* en un feul mot. *V.* ci-deffus.

Quoi que en deux mots, fignifie *quelque chofe que.* Ex.

Quoi que vous écriviez évitez la baffeffe ;
Le ftile le moins noble a pourtant fa nobleffe. BOIL.

Il vaut mieux pour la clarté employer *quelque chofe que.*

Même fignifie identité ou parité, en latin *idem, eadem, idem*; & alors il fe place avant le fubft. Ex. *Les mêmes manieres qui fiéent bien quand elles font naturelles, rendent ridicule quand elles font affectées.*

Même s'emploie auffi pour donner plus de force & d'energie au difcours; & alors il fe place après le fubftantif ou le pronom.

Ex. *Les bêtes* mêmes *nous apprennent à avoir de la reconnoissance.*

Le bonheur peut conduire à la grandeur suprême :
Mais pour y renoncer il faut la vertu *même*. CORN.

Même s'emploie encore dans le sens d'*aussi, de plus, en outre ;* alors il n'a ni genre, ni nombre. Ex. *Les Magistrats doivent rendre la justice à tout le monde,* même à *leurs ennemis.*

DU VERBE.

LE principal usage du *Verbe* est d'affirmer.

Le *Verbe* désigne le temps, les nombres, les personnes ; & il marque ou l'état du sujet, ou ce qu'il fait, ou ce qu'il reçoit.

Nos différentes sortes de Verbes sont le *Verbe substantif,* les *Verbes actifs,* les *Verbes passifs,* les *Verbes neutres,* les *Verbes pronominaux,* & les *Verbes impersonnels.*

Le *Verbe substantif* marque l'existence ou l'état du sujet. L'existence dans, je pense; donc je *suis* ; l'etat dans, le *vrai Chrétien* EST TRANQUILLE, il SERA HEUREUX *dans l'autre monde.*

REM. Cette notion convient aussi aux Verbes suivis d'un adj. ou même d'un sub. qui se raporte au sujet; comme : *vous de-*

viendrez vertueux. *Votre frere eft revenu* ma-lade. *Votre propofition me femble* vraie. *Su-zanne s'eft trouvée* innocente. *Il s'appellera* Jean. Tous ces Verbes expriment comme le Verbe *être* l'etat ou quelque attribut du fujet dont ils fe difent.

Le *Verbe aĉtif* eft celui qui ayant ou pouvant avoir un rég. fimp. exprime une action faite par le fujet. Comme *Dieu pu-nira les méchants.*

Le *Verbe paffif* au contraire exprime une action reçue ou fouferte par le fujet. Com-me *les méchants feront punis de Dieu.*

Le *Verbe neutre* ou n'exprime pas d'ac-tion, ou exprimant une action n'a point de régime, ou n'a qu'un rég. comp. Ainfi les Verbes neutres font de trois fortes.

Les uns expriment feulement un etat ou quelqu'autre attribut, comme *repofer*, *ré-gner*, *exceller*, &c.

Les autres expriment une action, mais ils n'ont point de rég. comme : *je danfe, je fors, vous partez.*

D'autres enfin expriment une action & ont un rég. comp. comme *parler à quel-qu'un. On méprife ceux qui médifent de leur prochain.*

R. Le Verbe aĉtif a toujours un paffif & un rég. fimp. Le Verbe neutre au con-traire n'a ni paffif ni régime fimple.

Cependant le Verbe neutre *obéir* à quelqu'un, a un paffif. Le Roi veut *être obéi.* On dit auffi à l'imperfonnel, *il a eté parlé* de cette affaire.

Les *Verbes pronominaux* font ceux qui fe conjuguent avec deux pron. de la même perf. comme *je me repens , je me meurs , tu te meurs* , &c.

Ces *Verbes pron* ont la fignification paffive , quand le fujet ou le nominatif eft un nom de chofes inanimées , & quelquefois quoique le fujet foit un nom de perf. Ex. *Une vieille habitude* fe quitte *difficilement ,* c. à d. *eft quittée. Suzanne* s'eft trouvée *innocente* , c'eft-à-dire *a eté trouvée* innocente.

Les *Verbes pron.* s'appellent *réfléchis* , quand l'action qu'ils expriment retombe fur celui qui la fait ; comme *je me bleffe.*

Les *Verbes imperfonnels* font ceux qui ne s'emploient qu'à la 3e perf. du fing. comme *il faut , il pleut , il importe.*

Rem. Les *Verbes perfonnels* s'emploient quelquefois dans le fens des *imperfonnels.*

Un Verbe à la 3e perf. du fing. eft *imperf.* quand on ne peut pas fubftituer de nom à la place du pron. *il.* Ex. *Nous tenons tout de Dieu* ; il *convient* ; il *eft jufte que nous lui raportions toutes nos actions.* Il *convient ,* il *eft jufte* font ici *imperfonnels.*

DES CONJUGAISONS DES VERBES.

Le mot de *Conjugaiſon* ſignifie aſſemblage. Conjuguer un Verbe, c'eſt en aſſembler ou en réciter les différentes terminaiſons.

Les Verbes *avoir* & *être* ſont appellés Verbes *Auxiliaires*, du mot latin *auxilium* (aide, ſecours) parce qu'ils aident à conjuguer les autres Verbes.

En voici d'abord la Conjugaiſon. Nous ajouterons ſur la même page celle des Verbes en *er*; au Verbe *avoir* nous joignons le ſubſtantif *ſoin*, afin que les enfants voient que *j'ai* avec un ſubſtantif marque un préſent, & qu'avec un participe il marque le paſſé, &c.

CONJUGAISONS DES VERBES

Avoir, Etre, Aimer.

INFINITIF.

PRÉSENT.

| Avoir (ſoin) | Etre. | Aimer. |

PARTICIPE.

| Eu, eue. | Eté. | Aimé. |

PARFAIT.

| Avoir *eu*. | Avoir *eté*. | Avoir aimé. |

GÉRONDIF PRÉSENT.

| Ayant. | Etant. | Aimant. |

GÉRONDIF PASSÉ.

| Ayant *eu*. | Ayant *eté*. | Ayant aimé. |

INDICATIF.

PRE'SENT ABSOLU.

J'ai (foin)	Je fuis	J'aime.
Tu as	Tu es	Tu aimes.
Il, elle a	Il, elle eft	Il, elle aime.
Nous avons	Nous fommes	Nous aimons.
Vous avez	Vous êtes	Vous aimez.
Ils, elles ont	Ils, elles font	Ils, elles aiment.

IMPARFAIT OU PRE'SENT RELATIF.

J'avois (foin)	J'etois	J'aimois.
Tu avois	Tu etois	Tu aimois.
Il avoit	Il etoit	Il aimoit.
Nous avions	Nous etions	Nous aimions.
Vous aviez	Vous etiez	Vous aimiez.
Ils avoient	Ils etoient	Ils aimoient.

PARFAIT DE'FINI.

J'eus (foin)	Je fus	J'aimai.
Tu eus	Tu fus	Tu aimas.
Il eut	Il fut	Il aima.
Nous eumes	Nous fumes	Nous aimâmes.
Vous eutes	Vous futes	Vous aimâtes.
Ils eurent	Ils furent	Ils aimerent.

PARFAIT INDE'FINI.

J'ai eu (foin)	J'ai eté	J'ai aimé.
Tu as eu	Tu as eté	Tu as aimé.
Il a eu	Il a eté	Il a aimé.
Nous avons eu	Nous avons eté	Nous avons aimé.
Vous avez eu	Vous avez eté	Vous avez aimé.
Ils ont eu	Ils ont eté	Ils ont aimé.

PARFAIT ANTE'RIEUR.

J'eus eu (foin)	J'eus eté	J'eus aimé.
Tu eus eu	Tu eus eté	Tu eus aimé.
Il eut eu	Il eut eté	Il eut aimé.
Nous eumes eu	Nous eumes eté	Nous eumes aimé
Vous eutes eu	Vous eutes eté	Vous eutes aimé.
Ils eurent eu	Ils eurent eté	Ils eurent aimé.

PLUSQUE-PARFAIT.

J'avois eu (foin)	J'avois eté	J'avois aimé.

Tu avois eu	Tu avois eté	Tu avois aimé.
Il avoit eu	Il avoit eté	Il avoit aimé.
Nous avions eu	Nous avions eté	N. avions aimé.
Vous aviez eu	Vous aviez eté	Vous aviez aimé.
Ils avoient eu	Ils avoient eté	Ils avoient aimé.

FUTUR SIMPLE OU ABSOLU.

J'aurai (foin)	Je ferai	J'aimerai.
Tu auras	Tu feras	Tu aimeras.
Il aura	Il fera	Il aimera.
Nous aurons	Nous ferons	Nous aimerons.
Vous aurez	Vous ferez	Vous aimerez.
Ils auront	Ils feront	Ils aimeront.

FUTUR COMPOSE', ANTE'RIEUR OU RELATIF.

J'aurai eu (foin)	J'aurai eté	J'aurai aimé.
Tu auras eu	Tu auras eté	Tu auras aimé.
Il aura eu	Il aura eté	Il aura aimé.
Nous aurons eu	Nous aurons eté	N. aurons aimé.
Vous aurez eu	Vous aurez eté	Vous aurez aimé.
Ils auront eu	Ils auront eté	Ils auront aimé.

CONDITIONNEL PRE'SENT.

J'aurois (foin)	Je ferois	J'aimerois.
Tu aurois	Tu ferois	Tu aimerois.
Il auroit	Il feroit	Il aimeroit.
Nous aurions	Nous ferions	Nous aimerions.
Vous auriez	Vous feriez	Vous aimeriez.
Ils auroient	Ils feroient	Ils aimeroient.

CONDITIONNEL PASSE'.

J'aurois eu (foin)	J'aurois eté	J'aurois aimé.
Tu aurois eu	Tu aurois eté	Tu aurois aimé.
Il auroit eu	Il auroit eté	Il auroit aimé.
Nous aurions eu	Nous aurions eté	N. aurions aimé.
Vous auriez eu	Vous auriez eté	V. auriez aimé.
Ils auroient eu	Ils auroient eté	Ils auroient aimé.

Autrement.

J'euffe eu (foin)	J'euffe eté	J'euffe aimé.
Tu euffes eu	Tu euffes eté	Tu euffes aimé.
Il eut eu	Il eut eté	Il eut aimé.
Nous euffions eu	Nous euffions eté	N. cuffions aimé.
Vous euffiez eu	Vous euffiez eté	V. euffiez aimé.

Ils euffent eu   Ils euffent eté   Ils euffent aimé.

IMPE'RATIF.

PRE'SENT OU FUTUR.

Point de premiere perfonne.

Aie (foin)	Sois	Aime.
Qu'il ait	Qu'il foit	Qu'il aime.
Ayons	Soyons	Ai'mons.
Ayez	Soyez	Aimez.
Qu'ils aient	Qu'ils foient	Qu'ils aiment.

SUBJONCTIF ou CONJONCTIF.

PRE'SENT OU FUTUR.

Que j'aie (foin)	Que je fois	Que j'aime.
Que tu aies	Que tu fois	Que tu aimes.
Qu'il ait	Qu'il foit	Qu'il aime.
Que nous ayions	Que nous foyions	Que n. aimions.
Que vous ayiez	Que vous foyiez	Que vous aimiez.
Qu'ils aient	Qu'ils foient	Qu'ils aiment.

IMPARFAIT.

Que j'euffe (foin)	Que je fuffe	Que j'aimaffe.
Que tu euffes	Que tu fuffes	Que tu aimaffes.
Qu'il eût	Qu'il fût	Qu'il aimât.
Que nous euffions	Que nous fussions	Q. n. aimaffions.
Que vous euffiez	Que vous fussiez	Que v. aimaffiez.
Qu'ils euffent.	Qu'ils fuffent	Qu'ils aimaffent.

PARFAIT.

Que j'aie eu (foin)	Que j'aie eté	Que j'aie aimé.
Que tu aies eu	Que tu aies eté	Que tu aies aimé.
Qu'il ait eu	Qu'il ait eté	Qu'il ait aimé.
Que n. ayions eu	Que n. ayions eté	Q. n. ayions aimé
Que v. ayiez eu	Que v. ayiez eté	Q. v. ayiez aimé.
Qu'ils aient eu	Qu'ils aient eté	Qu'ils aient aimé.

PLUSQUE-PARFAIT.

Que j'euffe eu	Que j'euffe eté	Que j'euffe aimé.
Que tu euffes eu	Que tu euffes eté	Q. tu euffes aimé.
Qu'il eut eu	Qu'il eut eté	Qu'il eut aimé.
Que n. euffions eu	Q. n. euffions eté	Q. n. euffions aimé
Que v. euffiez eu	Que v. euffiez eté	Q. v. euffiez aimé
Qu'ils euffent eu	Qu'ils euffent eté	Qu'ils euffent ai.

Comme l'Imparfait de l'Indicatif, les Parfaits composés, les Plusque-parfaits & les Conditionnels se conjuguent de même dans toutes les Conjugaisons, nous ne mettrons que la premiere personne de ces temps : on conjuguera les autres personnes comme dans *aimer.*

CONJUGAISONS EN ir.

	Finir.	Sentir.	Ouvrir.	Tenir.

INFINITIF.

	Finir	Sentir	Ouvrir	Tenir.
Prés.	Finir	Sentir	Ouvrir	Tenir.
Part.	- Fini	Senti	Ouvert	Tenu.
Parf.	Avoir fini	Avoir senti	Avoir ouvert	Avoir tenu.
Gér. Pr.	Finissant	Sentant	Ouvrant	Tenant.
G. P.	Ayant fini	Ayant senti	Ayant ouvert	Ayant tenu.

INDICATIF.

Présent. Je finis	sens	ouvre	tiens
Tu finis	sens	ouvres	tiens
Il finit	sent	ouvre	tient
N. finissons	sentons	ouvrons	tenons
V. finissez	sentez	ouvrez	tenez
Ils finissent	sentent	ouvrent	tiennent
Imp. Je finissois	sentois	ouvrois	tenois
Parf. déf. Je finis	sentis	ouvris	tins
Tu finis	sentis	ouvris	tins
Il finit	sentit	ouvrit	tint
N. finimes	sentimes	ouvrimes	tinmes
V. finites	sentites	ouvrites	tintes
Ils finirent	sentirent	ouvrirent	tinrent
P. indéf. J'ai fini	senti	ouvert	tenu
P. ant. J'eus fini	senti	ouvert	tenu
Plusq. J'avois fini	senti	ouvert	tenu
Fut. S. Je finirai	sentirai	ouvrirai	tiendrai
Fut. Comp. J'aurai fini	senti	ouvert	tenu
Cond. prés. Je finirois	sentirois	ouvrirois	tiendrois
Cond. pas. J'aurois fini	senti	ouvert	tenu
Ou J'eusse fini	senti	ouvert	tenu

IMPÉRATIF.

IMPE'RATIF.

Finis	fens	ouvre	tiens
Qu'il finiffe	fente	ouvre	tienne
finiffons	fentons	ouvrons	tenons
finiffez	fentez	ouvrez	tenez
Qu'ils finiffent	fentent	ouvrent	tiennent

SUBJONCTIF ou CONJONCTIF.

Préf. que je finiffe	fente	ouvre	tienne
q. tu finiffes	fentes	ouvres	tiennes
qu'il finiffe	fente	ouvre	tienne
q. n. finiffions	fentions	ouvrions	tenions
q. v. finiffiez	fentiez	ouvriez	teniez
qu'ils finiffent	fentent	ouvrent	tiennent
Imparf. que je finiffe	fentiffe	ouvriffe	tinffe
q. tu finiffes	fentiffes	ouvriffes	tinffes
qu'il finît	fentit	ouvrit	tînt
q. n. finiffions	fentiffions	ouvriffions	tinffions
q. v. finiffiez	fentiffiez	ouvriffiez	tinffiez
qu'ils finiffent	fentiffent	ouvriffent	tinffent
Parf. que j'aie fini	fenti	ouvert	tenu
Pluf. que j'euffe fini	fenti	ouvert	tenu

Verbes en oir *& en* re.

Devoir. Plaire. Paroître. Réduire.

INFINITIF.

Préfent, devoir	plaire	paroître	réduire
Participe, du	plu	paru	réduit
Parf. avoir du	avoir plu	avoir paru	avoir réduit
Gér. préf. devant	plaifant	paroiffant	réduifant
Gér. paffé, ayant du	ayant plu	ayant paru	ayant réduit

INDICATIF.

Préf. je dois	plais	parois	réduis
tu dois	plais	parois	réduis
il doit	plaît	paroit	réduit
n. devons	plaifons	paroiffons	réduifons
v. devez	plaifez	paroiffez	réduifez
ils doivent	plaifent	paroiffent	réduifent
Imp. je devois	plaifois	paroiffois	réduifois

C

P. déf. je dus	plus	parus	réduifis
P. ind. j'ai du	plu	paru	réduit
P. ant. j'eus du	plu	paru	réduit
Plufq. j'avois du	plu	paru	réduit
F. fimp. je devrai	plairai	paroitrai	réduirai
F. comp. j'aurai du	plu	paru	réduit
C. préf. je devrois	plairois	paroitrois	réduirois
C. paffé, j'aurois du	plu	**paru**	réduit
Ou j'euffe du	plu	paru	réduit

IMPE'RATIF.

Dois	plais	parois	réduis
Qu'il doive	plaife	paroiffe	réduife
devons	plaifons	paroiffons	réduifons
devez	plaifez	paroiffez	réduifez
Qu'ils doivent	plaifent	paroiffent	réduifent

SUBJONCTIF ou CONJONCTIF.

Préf. que je doive	plaife	paroiffe	réduife
q. tu doives	plaifes	paroiffes	réduifes
qu'il doive	plaife	paroiffe	réduife
q. n. devions	plaifions	paroiffions	réduifions
q. v. deviez	plaifiez	paroiffiez	réduifiez
qu'ils doivent	plaifent	paroiffent	réduifent
Imp. que je duffe	pluffe	paruffe	réduififfe
Parf. que j'aie du	plu	paru	réduit
Pluf. que j'euffe du	plu	paru	réduit

Verbes Paffifs & Pronominaux.

INFINITIF.

Préfent, être porté	fe plaindre	fe rendre
Participe, porté, ée	plaint	rendu
Parf. avoir eté porté	s'être plaint	s'être rendu
Gér. préf. etant porté	fe plaignant	fe rendant
G. paf. ayant eté porté	s'etant plaint	s'etant rendu

INDICATIF.

Préf. je fuis porté	je me plains	je me rends
tu es porté	tu te plains	tu te rends
il eft porté	il fe plaint	il fe rend

n. fommes portés	n. n. plaignons	n. n. rendons
vous êtes portés	v. v. plaignez	v. v. rendez
ils font portés	ils fe plaignent	ils fe rendent
Imparf. j'etois porté	je me plaignois	je me rendois
P. déf. je fus porté	je me plaignis	je me rendis
P. indéf. j'ai eté porté	je me fuis plaint	je me fuis rendu
P. ant. j'eus eté porté	je me fus plaint	je me fus rendu
Pluf. j'avois eté porté	je m'etois plaint	je m'étois rendu
Fut. S. je ferai porté	je me plaindrai	je me rendrai
F. C. j'aurai eté porté	je me ferai pl.	je me ferai ren.
C. préf. je ferois porté	je me plaindrois	je me rendrois
C. paf. j'aurois eté por.	je me ferois pl.	je me fer. rend.
Où j'euffe eté porté	je me fuffe pl.	je me fuffe ren.

IMPE'RATIF.

Sois porté	plains-toi	rends-toi
Qu'il foit porté	qu'il fe plaigne	qu'il fe rende
foyons portés	plaignons-nous	rendons-nous
foyez portés	plaignez-vous	rendez-vous
Qu'ils foient portés	qu'ils fe plaign.	qu'ils fe rend.

SUBJONCTIF ou CONJONCTIF.

Préf. que je fois porté , je me plaigne , je me rende.
Imp. que je fuffe porté , je me plaigniffe , je me rendiffe.
Parf. q. j'aie eté porté, je me fois plaint, je me fois rendu.
Pluf. q. j'euffe eté porté, je me fuffe plaint, je me fuffe rendu

---

VERBE IMPERSONNEL.

Indicatif préfent , il faut.	Cond. paffé , il auroit,
Imparfait , il falloit.	ou il eut fallu.
Parf. défini , il fallut.	Subjonctif préf. qu'il faille.
Parf. indéf. il a fallu.	Imparfait , qu'il fallût.
Parf. antér. il eut fallu.	Parfait , qu'il ait fallu.
Plufquep. il avoit fallu,	Plufquep. qu'il eut fallu,
Futur , il faudra.	Infinitif , ayant fallu.
Cond. préf. il faudroit.	Les autres Têmps & l'Im-

pératif ne font pas en ufage.

REMARQUES fur Avoir.

1°. *Avoir* fert à fe conj. lui-même dans fes temps comp. comme j'*ai eu*, j'*avois eu*,

C ij

2°. *Avoir* fert à conj, les Temps Comp.
du Verbe *Etre.* Comme j'*ai eté ,* j'*eus eté ,*
j'*avois eté.*

3°. *Avoir* fert à conj. les Temps Comp,
des Verbes actifs & de la plup. des Verbes
neutres. Comme j'*ai donne , j'avois donné ,*
j'*ai dormi , j'avois dormi ,* &c. Ces Verbes
neut. qui fe conjuguent avec *avoir* fe conjuguent comme les Verbes actifs.

REMARQUES *fur* Etre.

Etre fert à conjug. 1°. les Verbes paffifs
dans tous les temps. Comme *être porté ,* je
fuis porté , &c. 2°. les Temps Comp. des
Verbes pronominaux & de quelq. Verbes
neutres. Comme je *me fuis bleffé ,* je *fuis
forti ,* j'*etois arrivé ,* &c.

3°. Le Verbe *Etre* avec le participe ne
marque pas dans les Verbes paffifs le même temps qu'il marque dans les Verbes
neutres & pronominaux. Ex. *Je fuis* avec
le part. marque un préf. dans les Verbes
paffifs. Comme *je fuis porté ,* feror ; *je fuis
prié ,* rogor.

Dans les Verbes neutres & pronomin.
je fuis avec le part. marque le parf. indéf.
Comme *je fuis venu ,* veni ; *je me fuis ima-
giné ,* putaví , &c.

V. les Conj. où nous avons mis fur la
même page le Verbe paffif & les Verbes

pronom. afin qu'on vît l'emploi du Verbe *être* dans ces différentes fortes de Verbes.

4°. Les Verbes neut. qui se conjuguent avec *étre*, sont *accourir*, *aller*, *arriver*, *choir*, *déchoir*, *décéder*, *demeurer*, *descendre*, *entrer*, *monter*, *mourir*, *naître*, *partir*, *passer*, *rester*, *retourner*, *sortir*, *tomber*; *venir* & ses comp. *convenir*, *devenir*, *parvenir*, *intervenir*, *revenir*. Ces Verbes se conjuguent comme les pronominaux, excepté qu'on n'y emploie que le pron. sujet. Ex. *Je suis arrivé*, &c. au lieu que le pronominal *se rendre*, fait *je me suis rendu*.

5°. On dit indifféremment *j'ai accouru*, ou *je suis accouru*; mais *courir* ne prend qu'*avoir*, *j'ai couru*; & l'on ne doit pas imiter Racine qui a dit

Il en etoit forti, lorsque j'y suis couru.

6°. *Contrevenir* & *subvenir*, quoique composés de *venir*, se conjuguent avec *avoir*. Ex. Les *infideles* ont *souvent* contrevenu *à leurs traités*. La *vraie charité* a *toujours* subvenu *aux besoins des pauvres*.

7°. *Convenir* prend *avoir*, quand il est impersonnel, ou quand il signifie *être convenable à quelqu'un*. Ex. *Il* auroit convenu *que vous eussiez présenté vous-même la requête*. *Cette maison lui* auroit convenu.

8°. *Demeurer*, *descendre*, *monter*, *passer*, prennent tantôt *être*, tantôt *avoir*.

Demeurer prend *avoir*, quand il fignifie *faire quelque féjour* dans le lieu dont on parle ; & il prend *être* quand il fignifie *refter*. Ex. *Votre fils* a demeuré *à Paris. Pourquoi êtes-vous revenu à Paris, & que votre frere* eft demeuré *en Province ?* Ainfi il y a une faute dans ce vers de Racine

> . . . . ma langue embarraffée
> Dans ma bouche vingt fois *a demeuré* glacée.

Defcendre, monter, prennent *avoir,* quand ils font actifs, & *être* quand ils font neut. Ex. *J. C.* eft defcendu *du Ciel en terre. Nous* avons defcendu *le vin.* J'ai monté *cette montre.* Il a monté *les efcaliers. Cet Officier* eft monté *par dégrés aux charges militaires. Le rouge lui* eft monté *au vifage.*

Paffer prend *avoir* quand il a un régime, & *être* quand il n'en a point. Ex. Les *troupes Françoifes* ont paffé *les Alpes. Charles-quint* a paffé *par la France.* La proceffion fera paffée *quand vous arriverez.* Cette tapifferie eft paffée.

Paffer, quoique fans rég. prend *avoir,* quand il fignifie *être reçu.* Ex. *Ce mot* a paffé. Mais fi l'on veut faire entendre qu'il eft aboli, on dira : *ce mot* eft paffé. *Cette mode* eft paffée.

De la formation des temps des Verbes.

Les temps *primitifs* des Verbes font ceux

qui fervent à former les autres. Ce font ,
1°. dans l'inf. *le préf. & le part.* 2°. dans
l'ind. la *prem. perf. fing.* avec la *prem. & la
troif. perf. plur. du préf.* 3°. le *parf. déf.*

1°. De l'inf. on forme le *fut. fimp.* & le
condit. préf. en changeant *r* ou *re* en *rai ,
rois.* E x.

Porter	finir	plaire	paroitre	plaindre
Je porterai	finirai	plairai	paroitrai	plaindrai
Je porterois	finirois	plairois	paroitrois	plaindrois

Les Verbes en *enir* font *le fut. & le cond.*
en *iendrai , iendrois ;* & ceux en *voir* l'ont
en *vrai , vrois.* V. les Conj.

2°. On forme les Temps Comp. en joignant au *part.* les temps des Verbes *avoir*
& *être.* V. les Conj.

3°. De la *prem. perf. pl. du préf.* fe forme
l'*imparf. de l'indic.* en changeant *ons* en *ois.
Nous aimons , j'aimois.* V. les Conjug.

4°. La *fec. perf. fing. la prem. & la fec.
perf. plur. de l'impér.* font femblables à la
prem. perf. fing. à la *prem. & à la fec. perf.
plur. du préf. de l'indicatif.* Préfent *j'aime ,
nous aimons , vous aimez.* Impératif *aime ,
aimons , aimez.* V. les Conjug.

5°. Le *préf. du fubj.* fe forme de la *troif.
perf. plur. du préf. de l'ind.* en retranchant
nt. Ils aiment , qu'il aime.

Les *troif. perf. fing. & plur. de l'impérat.*
font femblables aux *troif. perf. fing. & plur.*

du préf. du subj. Voyez les Conjugaisons.

6°. La *prem. & la sec. perf. plur. du préf. du subj.* sont semblables à la *prem. & à la sec. perf. plur. de l'imparf. de l'ind.* Imparf. *nous aimions, vous aimiez.* Subjonctif *que nous aimions, que vous aimiez.*

7°. Du *parf. déf.* on forme l'*imparf. du subj.* en changeant *ai* en *asse* pour la prem. Conjug & en ajoutant *se* pour les autres. Parf. *j'aimai.* Imparf. *que j'aimasse.* Parfait *je finis, je lus, je vins.* Imparf. *que je finisse, que je lusse, que je vinsse.*

A ces remarques générales, il faut ajouter les suivantes.

Remarques sur les Conjugaisons des Verbes.

DES VERBES en er.

Les Verbes en *er* se conjuguent comme *aimer.*

Exceptions. 1°. *Aller* fait au part. *allé* ou *eté* ; aux gér. *allant* ; *etant allé, ayant eté.* Ind. préf. *je vais* ou *je vas, tu vas, il va ; n. allons, v. allez, ils vont.* Imparf. *j'allois.* Parf. déf. *j'allai* ou *je fus.* Fut. *j'irai.* Cond. préf. *j'irois.* Impér. *va, qu'il aille, allons, allez, qu'ils aillent.* Subj. préf. *que j'aille, que tu ailles, qu'il aille ; que n. allions, que v. alliez, qu'ils aillent.* Imparf. *que j'allasse.*

Les temps compos. de ce Verbe se forment avec *être* & le part. *allé*, quand on veut dire que quelqu'un eſt ou etoit ſorti pour aller en quelque lieu, & qu'il n'en eſt pas revenu. Ex. *Il eſt allé à la meſſe, au marché.* Mais ſi l'on veut faire entendre que l'on eſt, ou que l'on etoit revenu, alors on ſe ſert du Verbe *avoir* & du part. *eté.* Ex. *Il a eté à Rome. On m'a dit que vous aviez eté à Paris*, &c.

S'en aller ſe conj. comme *aller.* Le part. eſt *en allé.* Les temps comp. je *m'en ſuis allé*, je *m'en etois allé*, &c. L'impér. *va-t-en, qu'il s'en aille; allons-nous-en, allez-vous-en, qu'ils s'en aillent.* Quand on interroge, *m'en irai-je, t'en iras-tu, s'en ira-t-il, nous en irons-nous?* &c.

2°. Dans les Verbes en *ger*, le *g* eſt toujours ſuivi d'un *e* muet dans les temps où il y a un *a* ou un *o.* Comme *juger, jugeant, jugeai, nous jugeons, je jugeois*, &c.

3°. Dans les Verbes en *ier, éer, uer*, on change dans la poéſie *er* en *rai, rois* pour le fut. & le cond. Comme *je prirai, j'emploirai, je crérois, je continurois*, &c. Mais dans la proſe la plupart des Auteurs écrivent *je prierai, j'emploierai, je continuerai*, &c.

4°. Dans les Verbes en *oyer, ayer*, comme *employer, eſſayer*, &c. on écrit au préſent *nous employons, vous employez.* A l'imparf.

C v

de l'ind. & au préf. du fubj. *n. employions;*
v. employiez ; que n. eſſayions, q. v. eſſayiez.

Dans les Verbes en *ier*, comme *prier*,
il faut ecrire au préf. *nous prions, v. priez.*
A l'imparf. indic. & au préf. du fubj. *nous*
pryons, que vous pryez, &c.

5°. *Envoyer* & *renvoyer* font au futur &
au cond. j'*enverrai*, j'*enverrois*, je *renver-*
rai, &c.

6o. Dans les Verbes en *er* & dans ceux
dont la prem. perſ. du préf. de l'ind. eſt
en *e* muet, la fec. perſ. fing. de l'impérat.
prend une *s* après l'*e*, quand cette perſ. eſt
fuivie des relatifs *en*, *y*. On dit *porte un li-*
vre. Ouvre à ton frere. Mais s'il fuit *en* ou
y, on dira : *portes-en à ton frere. Apportes-y*
des livres, &c.

7°. Ecrivez & prononcez avec l'*e* muet
je *trouverai*, je *retrouverai*, & non pas
trouverrai, retrouverrai.

Remarques ſur les Conjugaiſons en Ir.

Les Verbes en *ir* fe divifent en quatre
branches. Conjuguez comme *finir* les Verbes *benir, unir, punir*, &c. En un mot
tous ceux en *ir* que vous ne trouverez pas
dans les liftes que nous ferons des Verbes
qui fe conjuguent comme *fentir, ouvrir,*
tenir, &c.

Remarques sur la premiere Conj. en Ir.

Haïr, préf. de l'ind. *je hais, tu hais, il hait*, qu'on prononce je *hès, tu hès*, &c. *Hais* à l'impérat. eft auffi d'une fyll. mais cette perf. & le parf. déf. ne font guere en ûfage. Dans le refte du Verbe *a* & *i* font deux fyllabes : comme : *haïffons, haïffez, haïffent*, &c.

Fleurir, V. n. quand il fignifie *être en fleurs*, fait au gér. & à l'imparf. *fleuriffant, fleuriffois*; mais en parlant des Arts, des fciences & des empires. On dit *floriffant, floriffoit*. Le Royaume etoit *floriffant*. Les lettres *floriffoient* en France, &c.

Remarques sur la feconde Conj. en Ir.

Conjuguez comme *fentir* les Verb. *confentir, reffentir, preffentir, mentir, démentir, dormir, endormir, s'endormir, fe repentir, fervir, deffervir, fortir, partir*; *reffortir*, fortir de nouveau, & *reparir*, répliquer; partir de nouveau : mais *reffortir*, être du reffort; *répartir*, partager fe conj. comme *finir*.

Verbes irréguliers de la feconde Conjugaifon en Ir.

Bouillir, préf. de l'ind. je *bous*, tu *bous*; il *bout*, nous *bouillons*, &c. Fut. je *bouillirai* ou je *bouillerai*. Cond. je *bouillirois* ou je *bouillerois*. Le refte eft régulier.

Courir & quelquef. *courre* ; part. *couru* ; parf. déf. je *courus* ; fut. je *courrai* ; cond. je *courrois*. On prononce les deux *rr*.

Conj. de même *accourir*, *concourir*, *dif-courir*, *encourir*, *parcourir*, *recourir*, &c.

Fuir, gér. *fuyant* ; préf. indic. je *fuis*, tu *fuis*, il *fuit* ; nous *fuyons*, vous *fuyez*, ils *fuient*. Le refte eft régulier.

Mourir, part. *mort* ; préf. ind. je *meurs* ; tu *meurs*, il *meurt* ; nous *mourons*, vous *mourez*, ils *meurent*. Parf. déf. je *mourus*. Fut. je *mourrai*. Condit. je *mourrois*. On prononce les deux *rr*. *Mourir* prend *être* aux temps compofés.

Acquérir, part. *acquis* ; gér. *acquérant* ; ind. préf. j'*acquiers*, tu *acquiers*, il *acquiert* ; nous *acquérons*, vous *acquérez*, ils *acquie-rent* ; parf. déf. j'*acquis* ; fut. j'*acquerrai* ; cond. j'*acquerrois*. Prononcez les deux *rr*. Le refte fe forme de ces temps. Conjuguez de même *enquérir* & *requérir*.

Conquérir ne s'emploie bien qu'à l'inf. préfent ; au part. *conquis* ; gér. *conquérant*, *ayant conquis* ; au part. déf. je *conquis* ; à l'imparf. du fubj. que je *conquiffe*, & aux temps compofés, *j'ai conquis*, &c.

Vêtir, *dévêtir*, *revêtir*, *furvêtir* ; part. *vêtu*, *dévêtu*, le refte eft rég. Dans *vêtir* le fing. du préf. indic. je *vêts*, tu *vêts*, il *vêt* n'eft guere en ufage.

Remarques ſur la troiſieme Conj. en Ir.

On conj. comme *ouvrir* les Verbes *dé-couvrir* , *entr'ouvrir* , *rouvrir* , *recouvrir* , *offrir* , *meſoffrir* , *ſouffrir*. Les ſuivants ont quelques irrégularités.

Cœuillir , *accœuillir* , *recœuillir* ; part. *cœuilli* , *accœuilli* , &c. fut. je *cœuillerai* ; cond. je *cœuillerois*. Le reſte eſt rég.

Saillir pour s'avancer en dehors , n'eſt d'uſage qu'à l'inf. & aux troiſ. perſ. gér. *ſaillant* ; indic. préſ. il *ſaille* , ils *ſaillent* ; imparf. il *ſailloit* , ils *ſailloient* ; fut. il *ſail-lera* ; cond. il *ſailleroit* ; ſubj. qu'il *ſaille* ; imparf. qu'il *ſaillît*.

Saillir pour s'élancer , s'elever en l'air , ſortir avec impétuoſité , n'a que les troiſ. perſ. & il ſe conj. comme *finir*. On dit : *les eaux ſailliſſent de tous côtés. Son ſang ſailliſ-ſoit , a ſailli fort loin.*

Aſſaillir & *treſſaillir* , part. *aſſailli* , fut. j'*aſſaillirai* ou j'*aſſaillerai*. Le reſte eſt rég. excepté qu'*aſſaillir* n'a point de ſingul. au préſent de l'indicatif.

Remarques ſur la quatrieme Conj. en Ir.

Conj. comme *tenir* les Verbes *apparte-nir* , *s'abſtenir* , *contenir* , *entretenir* , *détenir* ; *maintenir* , *obtenir* , *retenir* , *ſoutenir* ; *venir* , *convenir* , *contrevenir* , *intervenir* , &c. en un mot les comp. de *tenir* & de *ventr*.

Remarque fur la Conjugaifon en Oir.

Conjuguez comme *devoir* les Verbes
redevoir, *appercevoir*, *concevoir*, *décevoir*,
percevoir & *recevoir*.

Les irréguliers en oir font :

Déchoir, part. *déchu*, fans gér. préfent
indicat. je *déchois*, &c. pl. n. *déchoyons*, v.
déchoyez, ils *déchoient*. Quelques-uns prononcent & écrivent *déchéons*, *déchéez*, *dé-
chéent*, point d'imparf. parf. déf. je *déchus*;
fut. je *decherrai*; condit. je *décherrois*. Il
prend *être* dans les temps comp. je *fuis déchu*, &c.

Echoir, part. *echu*; gér. *echéant*; indic.
préf. il *echet*, feule perf. en ufage; parfait,
j'*echus*; fut. j'*echerrai*; condit. j'*echerrois*;
imparf. du fubj. que j'*echuffe*.

S'affeoir, part. *affis*; ger. *s'affeiant*; ind.
préf. je *m'affieds*, &c. n. n. *affeions*, v. v.
affeiez, ils *s'affeient*; imparf. je *m'affeiois*,
&c. n. n. *afséions*, v. v. *afsêiez*, ils *s'af-
feioient*; parf. déf. je *m'affis*; fut. je *m'af-
feirai* ou je *m'affiérai*; imparf. du fubj. que
je *m'affiffe*, q. tu *t'affiffes*, qu'il *s'affit*; point
de prem. & de fec. perf. plur. qu'ils *s'affif-
fent*. Les autres temps fe forment de ceux-
ci. Conjug. de même *raffeoir* & *fe raffeoir*.

Pluf. perf. conj. ainfi *s'affeoir* : je *m'affeois*, tu *t'affeois*, &c. je *m'affeoyois*, &c. je

m'asseoirai. Cette maniere seroit plus rég. & moins embarraffante.

Voir, part. *vu* ; gér. *voyant* ; ind. préf. je *vois*, &c. nous *voyons*, vous *voyez*, ils *voient* ; parf. déf. je *vis* ; fut. je *verrai* ; le refte fe forme réguliérement de ces temps. *Entrevoir* & *revoir* fe conjug. comme *voir.*

Pourvoir & *croire* font au parf. déf. je *pourvus*, je *crus* ; à l'imparf. du fubj. que je *pourvuffe*, *cruffe* ; fut. *pourvoirai*, *croirai* ; cond. *pourvoirois*, *croirois* ; le refte comme *voir*, &c.

Prévoir fait au fut. *prévoirai* ; au cond. *prévoirois* ; le refte comme *voir.*

Surfeoir, part. *furfis* ; fut. *furfeoirai* ; cond. *furfeoirois* ; le refte comme *voir.*

Mouvoir & *emouvoir*, part. *mu* ; géron. *mouvant* ; indicat. préf. je *meus*, &c. nous *mouvons*, vous *mouvez* . ils *meuvent* ; imparf. *mouvois* ; parf. déf. je *mus* ; fut. je *mouvrai* : les autres temps fe forment de ceux-ci.

Pleuvoir, Verbe imperf. part. *plu* ; gér. *pleuvant* ; indicat. préf. il *pleut* ; imparf. il *pleuvoit* ; parf. déf. il *plut* ; fut. il *pleuvra* ; cond. il *pleuvroit* ; fubj préf. qu'il *pleuve* ; imparf. qu'il *plût.*

Pouvoir, part. *pu* ; gér. *pouvant* ; ind. préf. je *puis* ou je *peux*, tu *peux*, il *peut* ; n. *pouvons*, v. *pouvez*, ils *peuvent* ; fut. je *pourai* ; cond. je *pourois* ; fubj. préf. que je *puiffe* , que tu *puiffes* , &c. le refte comme *mouvoir.*

Savoir ou *fçavoir* , part. *fu* ; gérond. *fachant* ; ind. préf. je *fais* , &c. n. *favons* , v. *favez* ; ils *favent* ; parf. déf. je *fus* ; fut. je *faurai* ; impér. *fache* , qu'il *fache* , *fachons* , *fachez* , qu'ils *fachent* ; fubj. préf. que je *fache* ; les aurres temps font formés de ceux-ci.

On dit quelquef. *je ne fache point* pour *je ne fais point. Je ne faurois* s'emploie pour *je ne puis :* comme

Je ne *faurois* refter dans mon appartement ;
Je fors , je vais , je viens , j'aime le mouvement.

Valoir , part. *valu* ; gér. *valant* ; préf. ind. je *vaux* , tu *vaux* , il *vaut* ; n. *valons* , v. *valez* , ils *valent* ; parf. déf. je *valus* ; fut. je *vaudrai* ; fubj. préf. que je *vaille* , que tu *vailles* , qu'il vaille , que n. *valions* , que vous *valiez* , qu'ils *vaillent.*

Conjug. de même *equivaloir , revaloir , & prévaloir.* Cependant ce dernier forme réguliérement le préf. du fubj. que je *prévale* , &c. qu'ils *prévalent.*

Vouloir , part. *voulu* ; ger. *voulant* ; ind. préf. je *veux* , &c. parf. déf. je *voulus* ; fut. je *vondrai* ; fubj que je *veuille* , que nous *voulions* , que vous *vouliez* , qu'ils *veuillent* ; le refte comme *mouvoir* , ou formé des temps que nous venons de marquer.

Remarques fur les Verbes en re.

La prem. Conjug. en *re* comprend les Verbes en *aire* , comme *plaire* , *déplaire* , *faire* , *défaire* , &c. Voici ceux qui font irréguliers ou défectueux.

Braire ne fe dit qu'à l'inf. & aux troif. perf. du préf. & du fut. indic. il *brait* , ils *braient* ; il *braira* , ils *brairont*.

Faire , part. *fait* ; gér. *faifant* ou *fefant* ; ind. préf. je *fais* , &c. n. *faifons* ou *fefons* , v. *faites* , ils *font* ; parf. déf. je *fis* ; fut. je *ferai* ; fubj. préf. que je *faffe* , &c. les autres temps font formés de ceux ci. Conj. de même fes comp. *contrefaire* , *défaire* , *redéfaire* , *refaire* , *fatisfaire* , *furfaire*. For-*faire* , *malfaire* , *mesfaire* & *parfaire* ne s'empl. qu'à l'inf. & aux temps compofés : comme , il a *malfait :* mais on ne dit point n. *malfaifons* , il faut dire n. *faifons mal*.

Traire , part. *trait* ; gér. *trayant* ; indic. préf. je *trais* , &c. n. *trayons* , v. *trayez* , ils *traient* ; point de parf. déf. point d'imparf. du fubj. le refte eft régul. ou formé de ces temps. Conj. de même *attraire* , *diftraire* , *extraire* , *rentraire* , *retraire* , *fouftraire*.

Remarques fur la feconde Conj. en re.

La fec. Conj. en *re* a les Verbes en *oitre*

& en *aitre* : comme *paroître*, *comparoître*, *disparoître*, *apparoître*, *reparoître*, *connoître*, *reconnoître*, *croître*, *decroître*. *Naître*, *renaître*, *paître & repaitre* font irrégul. ou défectueux.

Naître, part. *né*, fait au parf. déf. je *naquis*. Il forme fes temps comp. avec *être*; le refte eft régulier.

Paître eft rég. mais il n'a point de parf. déf. ni d'imparf. du fubj. Les temps comp. ne font en ufage que dans la Fauconnerie.

Remarque fur la troif. Conj. en re.

La troif. Conjug. en *re* a les Verbes en *ire* ou en *uire* : comme *circoncire*, *dire*, *contredire*, *dédire*, *interdire*, *maudire*, *médire*, *prédire*, *redire*, *confire*, *lire*, *elire*, *relire*, *rire*, *fourire*, *ecrire*, *circonfcrire*, *décrire*, *infcrire*, *prefcrire*, *profcrire*, *récrire*, *foufcrire*, *tranfcrire*, *frire*, *cuire*, *duire*, *conduire*, *econduire*, *enduire*, *induire*, *introduire*, *reconduire*, *réduire*, *feduire*, *traduire*, *luire*, *reluire*, *nuire*, *braire*, *détruire*, *inftruire*, *conftruire*.

Les irréguliers en ire font :

Circoncire, part. *circoncis*; parf. déf. je *circoncis*, &c. le refte eft régulier.

Dire & redire font à la fec. perf. pl. du préf. de l'ind. v. *dites*, v. *redites*; au parf. déf je *dis*, *redis*; à l'imparf. du fubj. que je *diſſe* ; le reſte eſt régul. ou formé de ces temps,

Dédire, *contredire*, *interdire*, *médire*, *prédire*, forment réguliérement la ſeconde perſ. pl. du préſ. de l'indic. v. *dédiſez*, v. *contrediſez*, &c. ils font au parf. déf. je *dedis*, je *contredis*, &c.

Maudire, gér. *maudiſſant* ; au préſ. de l'ind. *maudiſſons*, *maudiſſez*, *maudiſſent* ; parf. déf. je *maudis*, &c. le reſte formé de ces temps.

Confire, parf. déf. je *confis* ; imparf. du ſubj. que je *confiſſe*.

Suffire, part. *ſuffi* ; parf. déf. je *ſuffis* ; imparf. du ſubj. que je *ſuffiſſe*.

Lire, *elire* & *relire*, part. *lu*, *elu*, *relu* ; parf. déf. je *lus*, &c. imparf. du ſubj. que je *luſſe*, &c.

Rire, *ſourire*, part. *ri* ; gér. *riant* ; plur. du préſ. de l'ind. n. *rions*, v. *riez*, ils *rient* ; parf. déf. je *ris* ; le reſte for. de ces temps.

Ecrire & ſes comp. *circonſcrire*, *décrire*, &c. font au gér. *ecrivant* ; pl. du préſ. de l'indic. *ecrivons*, *ecrivez*, *ecrivent* ; parf. déf. j'*ecrivis* ; les temps qui ſe forment de ceux-ci ont les mêmes irrégularités.

Frire eſt régul. mais il n'a que le fut. le condit. les temps compoſ. & la ſec. perſ. ſing. de l'impér. je *frirai*, &c. je *frirois*, &c. j'ai *frit*, j'avois *frit*, &c impérat. *fris*.

Pour fuppléer aux temps qui manquent on fe fert de *faire* & de l'inf. *frire.* Ex. *Fefant frire,* je *fais frire,* &c.

Verbes irréguliers en uire.

Bruïre, gér. *bruïffant;* imparf. de l'ind. il *bruyoit,* ils *bruyoient.* Les autres perfon. & les autres temps ne font guere en ufage.

Luire, reluire & *nuire* font au part. *lui, relui, nui* fans *t,* ainfi aux temps compof. *j'ai nui, j'avois nui,* &c. le refte eft rég.

Les autres Verbes en *uire* fe conjuguent comme *réduire.*

Nous rapportons à cette Conj. *boire, clorre, conclure,* & leurs compofés.

Boire, part. *bu;* gér. *buvant;* ind. préf. je *bois,* &c. n. *buvons,* v *buvez,* ils *boivent;* parf. déf. je *bus;* les autres temps font rég. ou formés de ceux-ci. Conjuguez de même *reboire.*

Clorre, ind. préf. je *clos, tu clos, il clot,* fans pl. fut. je *clorrai;* cond. je *clorrois;* il a les temps comp. *j'ai clos, j'avois clos,* &c. mais les autres temps manquent. Conjug. de même *enclorre* & *renclorre.*

Eclorre ufité à l'inf. & aux troif. perfon. des temps fuiv. ind. préf. *il eclot, ils eclofent;* fut. *il eclorra, ils eclorront;* cond. *il eclorroit, ils eclorroient;* fubjonct. préf. *qu'il eclofe, qu'ils eclofent.* Il forme les temps comp. avec *être* : comme *il eſt eclos*, *il ſera eclos*, *ils ſeront eclos*, &c.

Conclure, part. *conclu*; gér. *concluant*; ind. préf. je *conclus*, &c. n. *concluons*, v. *concluez*, ils *concluent*; imparf. je *concluois*, &c. nous *concluïons*, v. *concluïez*, ils *concluoient*; parf. déf. je *conclus*; le reſte eſt rég. formé de ceux-ci.

Exclure ſe conj. de même, excepté qu'il fait au part. *exclus*, m. *excluſe* ou *exclue*, f.

Quatrieme Conjugaiſon en re.

La quatr. Conjug. en *re* a les Verbes en *aindre*, *eindre*, *oindre*; comme *craindre*, *peindre*, *joindre*, &c. ils ſe conjug. comme *plaindre*.

Cinquieme Conjugaiſon en re.

La cinq. Conj. en *re* a les Verbes en *dre*, *cre*, *pre*, *tre* & *vre*, comme *rendre*, *tendre*, *vaincre*, *rompre*, *mettre*, *vivre*, &c. Voici les irréguliers.

En *dre* : *prendre* & ſes comp. *apprendre*, *comprendre*, *déprendre*, *deſapprendre*, *entreprendre*, *ſe méprendre*, *reprendre*, & *ſurprendre* ſe conjuguent ainſi.

Prendre, part. *pris*; gér. *prenant*; ind. préf. je *prends*, &c. n. *prenons*, v. *prenez*, ils *prennent*; parf. déf. je *pris*; le reſte eſt rég. ou formé des temps ſuſdits.

Coudre, *découdre* & *recoudre*, part. *couſu*;

gér. *coufant* ; ind. préf. je *couds* , &c. nous *coufons* , vous *coufez* , ils *coufent* ; part.déf. je *coufis.* Les autres temps rég. ou formés de ceux-ci.

Mettre & fes comp. *admettre* , *commettre* , *démettre* , *entremettre* , *omettre* , *permettre* , &c.

Mettre , part. *mis* ; gér. *mettant* ; parf. déf. *je mis* ; le refte rég. ou réguliérement formé de ces temps.

Moudre , *emoudre* , *remoudre* , participe *moulu* ; gér. *moulant* ; ind. préf. je *mouds* , &c. n. *moulons* , v. *moulez* , ils *moulent* ; parf. déf. je *moulus* ; les autres temps rég. ou formés de ceux-ci

Soudre n'eft ufité qu'au préf. de l'inf.

Abfoudre & *diffoudre* , part. *abfous* , m. *abfoute* , f. gér. *abfolvant* ; ind. préf. j'ab-*fous* , &c. n. *abfolvons* , v. *abfolvez* , ils *abfolvent* , point de parf. déf. ni d'imparf. du fubj. parf. indéf. j'ai *abfous* , &c. les au-tres temps rég. ou formés de ceux-ci.

Réfoudre , part. *réfolu* (pour determiné , décidé , comme *il a réfolu de partir* , *il etoit réfolu de venir*) & *réfous* pour *réduit* , chan-gé en quelqu'autre chofe : alors il n'a point de fem. comme , le *foleil* a réfous *en pluie le brouillard* ; gér. *réfolvant* ; l'indic. préf. & les temps qui s'en forment comme *abfou-dre* ; parf. déf. je *réfolus* ; imparf. du fubj. que je *réfoluffe* , &c.

Suivre, *s'enfuivre* & *pourfuivre*, partic.
fuivi; gér. *fuivant*; indic. préf. je *fuis*, tu
fuis, il *fuit*; n. *fuivons*, v. *fuivez*, ils *fui-*
vent; parf. déf. je *fuivis*; le refte rég. ou
formé de ces temps.

Vivre, *revivre*, *furvivre*, part. *vêcu*, g.
vivant; ind. préf. je *vis*, &c. n. *vivons*,
v. *vivez*, ils *vivent*; parf. déf. je *vêcus*;
les autres temps rég. ou form. de ceux-ci.

Vaincre & *convaincre* font régul. mais la
lettre *c* fe change en *qu* avant *a*, *e*, *i*, *o*,
u, comme *vainquant*, *convainquant*, que
je *vainque*, je *vainquis*, nous *vainquons*.

DES PRÉPOSITIONS.

LES *Prépofit.* marquent les différents
rapports que les chofes ont les unes
avec les autres. Ex. M. *de Turenne ayant
conduit les troupes* dans le Palatinat, *com-
mença la campagne* fur la fin de l'hiver,
afin de *ou* pour *prévenir les ennemis.* Ces
mots *dans le Palatinat* marquent le lieu;
ceux-ci *fur la fin de l'hiver* défignent le
temps; & les autres *afin de ou pour prévenir*
indiquent le motif ou la raifon qui fit agir
M. de Turenne.

Les *Prépof.* marquent la place, comme
chez, *dans*, *devant*, *derriere*, *parmi*, &c.

L'ordre, comme *avant*, *après*, *entre*,
depuis,

L'*union*, comme *avec*, *durant*, *felon*; *fuivant*.

La *féparation*, comme *excepté*, *fans*, *hors*; *hormis*.

L'*opposition*, *contre*, *malgré*, *nonobftant*.

Le but *ou* la fin, *envers*, *touchant*, *pour*.

La *fpécification*, comme *à*, *de*, *en*.

DE L'ADVERBE.

L'ADVERBE exprime quelque circonf-tance du Nom, du Verbe ou même d'un autre Adverbe auquel il a raport. Ex.

L'honneur eft aux grands cœurs *bien plus* cher que la vie. Ne divulguez *jamais* ce que l'on vous confie.

Les Adverbes marquent, 1o. la *maniere* dont fe font les chofes, comme : *riez mo-dérément.*

2o. L'*ordre*, l'*arrangement*, comme *premierement*, *d'abord*, *auparavant*, &c. Ex. *Il faut* premierement *faire fon devoir*, fecondement *il ne faut prendre que des plai-firs permis.*

3o. Le *lieu*, comme *où*, *ici*, *deffus*, &c. Ex. *Où la difcorde regne, apportez-y la paix.*

4o. La *diftance*, comme *près*, *loin*, &c. Ex. *Il ne faut être* ni trop près, ni trop loin *pour être dans un beau point de vue.*

5o. Le *temps*, comme *demain*, *hier*, *ja-mais*, *toujours*. Ex. *Ne reprochez* jamais *les plaifirs que vous faites.*   6o.

60. La *quantité*, comme *trop, peu, plus, beaucoup,* &c. comme *parlez* peu, *penſez* bien, & *ne trompez perſonne,* &c. &c.

REM. L'*Adverbe* eſt un mot ſimple. Les *prépoſ.* avec leur rég. ſignifient ordinairement la même choſe que les Adverbes. *Avec prudence* ou *prudemment, par douceur* ou *doucement,* &c.

DES CONJONCTIONS.

LES *Conj.* ſervent à joindre enſemble les différentes parties du diſcours. Ex. La *Morale de Cicéron,* quoiqu'on *la puiſſe regarder comme l'extrait de tout ce que les Payens ont penſé de plus judicieux & de plus ſolide, doit* cependant être *tantôt epurée, tantôt appuyée par celle de l'Evangile.* Mr. D'OLIVET.

Les *Conj.* principales ſont et, *ni, deplus, d'ailleurs, encore, ou, que, ſinon, tantôt, ſi, ſoit, pourvu que, à moins de, à moins que, quand, ſauf, mais, quoique, cependant, néanmoins, encore, auſſi, lorſque, tandiſque,* &c.

Nous rapporterons plus bas celles qui régiſſent le Subjonctif.

D

DES PARTICULES
ou INTERJECTIONS.

LES *Particules* servent à marquer une affection ou un mouvement de l'ame, soit de douleur & de tristesse ; comme *ah, hélas,* &c. soit de joie ou de désir, comme *bon, bis, vivat,* &c. d'affirmation, de négation & de doute, comme *certes, oui, non, ne, ne pas, ne point, plus.* Elles servent aussi à exciter, comme *ça, courage, gai,* &c. à avertir, comme *gare, hola.* Enfin elles font prendre dans un certain sens ce qui suit, comme *de* & *que.*

REM. Il y a un *de* prép. & un *de* part.

La prép. *de* spécifie, détermine ou restraint le mot qui la précéde, comme *le Château de Versailles, un homme* de *Province, une ville de France, un enfant* de *condition, une envie* de *plaire, un trait* de *prudence,* &c.

La part. *de* fait prendre dans un sens d'extrait ce qui la suit. Elle répond à *quelque.* Ex. De *savants Auteurs ont traité cette matiere* ; c'est-à-dire, *quelques savants Auteurs,* &c. *Melchisédec offrit* du *pain & du vin,* c'est-à-dire, une partie du pain & du vin qui etoit dans l'endroit où se trouvoit alors Melchisédec.

DE LA SYNTAXE.

LE mot *Syntaxe* vient d'un mot grec, qui signifie *arrangement, construction ;* mais comme cet arrangement suppose l'accord de l'article & de l'adj. avec le subst. du verbe avec le sujet, du rég. avec le régissant, &c. on dit que

La *Syntaxe* est l'accord & l'arrangement des mots suivant le génie d'une Langue, & conformément aux loix de l'usage.

DE L'USAGE DE L'ARTICLE.

Les noms communs conviennent à toute une espéce de personnes ou de choses.

On met l'article avant les noms communs, quand on veut par ces noms signifier toute une espéce de choses, une ou plus. choses déterminées. Ex. L'homme *n'est vraiment estimable qu'autant qu'il réunit* la bonté *&* la droiture du cœur aux talents & à l'agrément de l'esprit.

Ici l'*homme* signifie toute l'espece des hommes. *La bonté* & *la droiture* marquent une bonté & une droiture déterminée, je veux dire celle du cœur. *Aux talents,* marquent des talents déterminés, ce sont ceux de l'esprit, &c.

Voilà pourquoi on met l'article avant

D ij

les noms propres, les verbes & les adj.
employés comme noms communs. Ex, *Le
Dieu* de paix, de miséricorde, &c. *Les
Cicérons & les Virgiles* feront toujours ra-
res.

> Laiffez dire *les fots*, le fçavoir a fon prix.

C'eft encore par la même raifon qu'on
place l'article avant les adj. qui fervent à
diftinguer la perfonne dont on parle, de
celles qui pourroient porter le même nom.
Ex. *Louis* le Grand, *fils de Louis* le Jufte,
& petit-fils de Henri le Grand, *a pour fuc-
ceffeur Louis* le Bien-aimé, fon arriere petit-fils.

Cependant on dit fans article, *Philippe
Auguste*, *Hugues* Capet, *Henri* premier,
Henri quatre, &c. Il en eft de même des
autres noms de nombre.

Les noms communs font fans articles,
quand ils font au vocatif, ou précédés d'un
adj. qui en détermine la fignification, comme *mon*, ton, *fon*, *notre*, *votre*, ce, *nul*,
aucun, *quelque*, *chaque*, *tout*, mis pour
chaque, *certain*, *plufieurs*, tel, *un*, *deux*,
&c. Ex. Soldats, *fuivez-moi.*

> Il faut regler *fes* goûts, *fes* travaux, *fes* plaifirs;
> Mettre *un* but à *fa* courfe, *un* terme à *fes* défirs.

Le nombre Cardinal prend l'article.
1o. quand il marque un rapport à ce qui

précéde ou à ce qui fuit. 2°. quand il eſt mis pour un nombre Ordinal. Ex. Les deux *ennemis les plus dangereux de la vie font l'intempérance & l'oifiveté.* Le deux *du mois,* c. à d. le deuxieme jour du mois.

Les noms communs ſont ſans article, quand on les emploie dans un ſens vague & indéterminé. Ex.

Un bienfait reproché tient toujours *lieu d'offenſe.*

C'eſt peu d'être équitable, il faut rendre *ſervice.*

Le nom commun pris dans un ſens par-titif, admet l'art. pourvu qu'il ne ſoit pré-cédé ni d'un adj. ni d'un adverbe de quan-tité, comme *que* pour *combien ; beaucoup , peu , pas , point , rien , moins , infiniment , plus , tant ,* &c. Ex. *Il a de l'eſprit ;* qu'il *a d'eſprit ! La nobleſſe doit avoir* des *lumieres etendues & de grands ſentimens. Chez les Romains, ceux qui etoient convaincus d'avoir employé* des *moyens illicites , ou d'indignes voies , pour parvenir au commandement , en etoient exclus pour toujours. Ceux qui gouver-nent ſont comme les corps céleſtes qui ont* beaucoup d'éclat, *& qui n'ont* point de re-pos.

L'adverbe *bien ,* mis pour *beaucoup ,* eſt ſuivi de l'article. *Voilà des diamants qui ont* bien de *l'éclat.*

Les *noms propres* de Divinités , d'hom-mes, d'animaux, de places & de lieux particuliers, font fans article. Ex. Dieu *eft tout-puiffant.* Junon *etoit femme de* Jupiter.

Cependant plufieurs noms de villes prennent toujours l'article. Ex. *La* Capelle, *le* Catelet, *le* Caire, *le* Mans, *la* Meque, *la* Fere, *la* Ferté, *la* Fleche, *la* Rochelle, *le* Quénoi, *le* Pui, *la* Charité, *le* Havre, &c. C'eft que ces noms ont eté formés de noms communs.

Les noms de régions, contrées, rivieres, vents & montagnes, fuivent les régles des noms communs. La France, le royaume de France : la Seine, la riviere de Seine.

REM. On joint toujours l'article aux noms de lieux peu connus. Comme *la* Chine, *le* Japon, *le* Mexique, *les* Indes, *le* Pérou, *la* Nouvelle France, *le* Bréfil, *la* Floride, *la* Virginie, le Congo, &c Et à ceux-ci, *la* Marche, *le* Milanès, *le* Mantouan, *l'*Abruzze, *le* Parméfan, *le* Péloponnefe, *le* Perche, &c. On dit, *je viens de la* Chine, *du* Japon, *du Mexique,* &c. *Il eft* à *la* Chine, *au* Japon, *au Mexique,* &c. *Je fors du Milanès,* du *Mantouan. La province du Maine & celle du Perche, ne font qu'un Gouvernement.*

L'article fe répéte, 1°. avant chaque fubft. 2°. avant les adject. qui font placés avant le subst. Ex. *J'ai conçu une grande opinion de la vertu & de la générosité de ce Prince. Les vieux & les nouveaux soldats firent egalement bien leur devoir.*

DE L'ACCORD DE L'ADJECTIF, du Pronom & du Verbe avec les Subſtantifs.

PREMIERE REGLE.

L'Adject. & le pron. qui ne se rapportent qu'à un subst. se mettent au même nombre que ce subst. Ex. *Un sot railloit un homme d'esprit sur la grandeur de ses oreilles: Il est vrai, répondit l'homme d'esprit, que je les ai trop grandes pour un homme ; mais convenez que vous les avez trop petites pour un âne.*

EXCEPTIONS.

1e. Nos adj. sont souvent pris adverbialement, & alors ils sont toujours m. & sing. Ex. *Elle chante* faux , *elles parlent* haut, *elle sent* mauvais , *elle resta* court, &c. On dit aussi nu-*pieds*, nu-*jambes*, nu-*tête.*

2e. *Tout*, mis pour *quoique* ou *entierement*, ne prend ni genre ni nombre, 1°. lorsqu'il est suivi d'un adj. masc. ou d'un

D iv

adv. Ex. *Les plus grands Philosophes,* tout *eclairés qu'ils sont, ignorent les véritables causes de bien des effets naturels. La riviere coule* tout *doucement. Elle est* tout *comme les autres.*

2°. Lorsqu'il est suivi d'un adj. f. pl. qui commence par une voyelle ou une *h* non-aspirée. Ex. *Elles sont* tout *interdites : les dernieres figues que vous m'avez envoyées, etoient* tout *autres que les premieres.*

Tout, mis pour *quoique* ou *tout-à-fait,* prend le genre & le nombre avant l'adj. f. sing. & avant l'adj. f. pl. qui commence par une consonne. Ex. *La campagne,* toute *agréable & toute belle qu'elle puisse être, ennuie ceux qui n'aiment ni la lecture, ni la réflexion. Loin d'ici ces maximes de la flaterie ; que les Rois naissent habiles, & que leurs ames privilégiées sortent des mains de Dieu* toutes *sages & toutes savantes.* M. Colin.

3ᵉ. On dit *une demi-heure, deux demi-livres,* &c. mais il faut dire & ecrire, *une heure & demie, une livre & demie,* &c.

4ᵉ. *Chose* est fém. Comme *une chose nouvelle & fort bien faite.* Cependant *quelque chose* est masc. Ex. *La politesse consiste à ne faire, à ne rien dire qui puisse déplaire aux autres; à faire & à dire tout ce qui peut leur plaire, & cela avec des manieres & une façon de s'exprimer, qui aient* quelque chose

de noble , d'aifé , de fin & de délicat. M.
TRUBLET.

5e. *Vous*, mis pour *tu*, demande le verbe au plur. ; mais l'adj. & le part. reftent
au fing. Ex. *Mon fils vous ferez eftimé , fi
vous êtes fage & modefte.*

6e. *Le* ne prend ni genre ni nombre ;
quand il fe rapporte aux adj. ou aux verb.
Ex. *La nob effe donnée aux peres , parce qu'ils
etoient* vertueux , *a été laiffée aux enfants
afin qu'ils le devinffent.* M. TRUBLET.
*L'honnêteté eft un moyen très-propre pour fe
faire aimer ; elle nous empêche de* choquer
les autres ; elle nous porte à nous accommo-
der *à leur humeur autant que notre devoir
nous le permet. Mefdames êtes-vous encore
enrhumées ? Oui , nous le fommes encore.*

DEUXIEME REGLE.

Quand les noms collectifs partitifs , &
les adv. de quantité , font fuivis d'un pl.
alors l'adj. le pron. & le verbe s'accordent
avec ce plur. Ex. *La plûpart des Romans ne*
peuvent *que gâter le gout , & faire prendre
une infinité d'idées fauffes ,* qui *pour l'ordinaire* n'influent *que trop dans le caractere &
dans la conduite de quiconque s'occupe de pa-
reilles lectures.* M. GOUJET. *Celui qui fait
fe faire aimer entreprend* peu d'affaires qui
ne lui réaffiffent.

D v

Quand les collectifs partitifs sont suivis d'un sing. alors l'adj. le pron. & le verbe s'accordent avec le sing. Ex. *Une infinité de monde fut pris dans cette ville. Les infideles envahirent toute l'Espagne ; une multitude innombrable de peuple se réfugia dans les Asturies, & y proclama Roi Pelage. Il a trouvé une partie du pain mangé.*

TROISIEME REGLE.

Quand l'adj. le pron. & le verbe se rapportent à plusieurs subst. de même genre, on les met ordinairement au plur. & au même genre que les subst. Ex. *La faveur & l'industrie* sont bonnes, *& quelquefois* nécessaires ; *cependant* elles *ne* donnent *pas* le mérite, elles *ne* servent *qu'à le faire valoir & à le mettre en usage.*

Rem. Si les subst. sing. sont liés par *ou,* alors on met le sing. Ex. *La crainte* ou *l'impuissance les* empêcha *de remuer.* Bouh.

On met le plur. quand les nominatifs sont de différentes pers. Ex. *Ou vous, ou moi* nous irons. Acad.

Rem. Quand les subst. sont liés par *ni* répété, & que l'action ne doit tomber que sur un des subst., alors on met le sing. Ex. *Ce ne sera* ni *M. le Duc,* ni *M. le Comte* qui sera *nommé Ambassadeur.* Ici l'action ne tombe que sur un des deux subst., parce qu'il ne doit y avoir qu'un Ambaſſadeur.

Mais ſi l'action tombe ſur les deux ſubſtantifs , alors il faut le plur. Exemp. Ni la douceur , ni la force n'y *peuvent* rien. Acad.

Quand l'adj. le pron. & le verbe ſe rapportent à pluſ. ſubſt. de divers genres , alors on les met au plur. & au maſc. Ex. *Les bœufs mugiſſants , & les brebis bêlantes , venoient en foule ; ils ne pouvoient trouver aſſez d'étables pour être* mis *à couvert.*

Faut-il dire ? *non-ſeulement tous ſes honneurs & toutes ſes richeſſes , mais toute ſa vertu* s'évanouït. Il faut mettre *s'évanouït* au ſing. parce que *mais* fait ſous-entendre *s'évanouïrent* après *ſes richeſſes.* Mais on dira : *Tous ſes honneurs , toutes ſes richeſſes & toute ſa vertu* s'évanouïrent. Acad. Corn. Ce qui prouve que c'eſt *mais*, & non pas *tout* qui cauſe cette différence , comme l'a cru Vaugelas.

Quand les ſubſt. ſignifient à peu-près la même choſe , on met ordinairement l'adj. le pron. & le verbe au ſing. & au genre du ſubſt. qui ſe trouve le plus près. Ex. La douceur , la bonté *du grand Henri* a eté célébrée *de mille louanges.* Pélisson.

Cette regle a ſur-tout lieu pour l'adj. qui eſt immédiatement après deux ſubſt.

Ex. *Il a les pieds & la tête* nue. VAUG. *Il a le cœur & la bouche* ouverte *à vos louanges.* ACAD.

REMARQUES sur quelques adj. qui placés avant le subst., ont une signification différente de celle qu'ils ont, quand ils ne sont mis qu'après le subst.

L'air grand C'est une physionomie noble. Ex. *Voilà un Seigneur qui* a l'air grand.

Le grand air. Ce sont les manieres d'un grand Seigneur.

Un homme grand, signifie *un homme d'une grande taille.*

Un grand homme, signifie *un homme de grand mérite.* Ex. *Comme un Acteur marchoit sur le bout des pieds pour représenter* le grand Agamemnon, *on lui cria qu'il le faisoit* un homme grand, & non-pas un grand homme.

Cependant, si après *grand homme*, on ajoute quelques qualités du corps, comme *c'est* un grand homme *brun*, & d'une belle *physionomie*, alors *grand homme* signifie *homme d'une grande taille.*

Du bois mort, c'est du bois seché sur pied.

Du mort bois, c'est du bois de peu de de valeur, comme des ronces, des épines, &c.

Une chose certaine, *une nouvelle* certaine, *une marque* certaine , &c. c'eſt une choſe vraie, aſſurée ; une nouvelle, une marque vraie, véritable, Ex.

La vertu, d'un cœur noble eſt la marque *certaine.* **Boil.**

Une certaine *choſe , une* certaine *marque , une* certaine *nouvelle ;* c'eſt une choſe indéterminée ; c'eſt quelque marque, quelque nouvelle. *Certain* répond alors au *quidam* des Latins.

Une voix commune , c'eſt une voix ordinaire.

D'une commune *voix,* ſignifie unanimement, tout d'une voix. *Elles jugerent d'une commune voix , qu'il falloit lui donner cours.*

Une eau morte ; une eau qui ne coule point.

La morte eau , c'eſt l'eau de la mer, dans ſon plus bas flux & reflux.

Un homme malin , eſt un homme malicieux.

Le malin eſprit, ou *l'eſprit malin ,* ſignifie le Démon.

L'eſprit Saint , c'eſt l'eſprit de Dieu , commun aux trois perſonnes de la Sainte Trinité.

Le Saint-Eſprit , c'eſt la troiſieme perſ. de la Sainte Trinité.

Une femme ſage , c'eſt une femme vertueuſe & prudente.

Une sage femme, c'eſt une femme qui aſſiſte celles qui ſont en travail d'enfant.

Une femme groſſe, c'eſt une femme enceinte.

Une groſſe femme, c'eſt une femme graſſe, qui a beaucoup d'embonpoint.

Un homme galant, eſt un homme qui cherche à plaire aux Dames, qui leur rend de petits ſoins, &c. C'eſt ordinairement un conteur de fadaiſes, un diſeur de riens.

Un galant homme, eſt un homme poli qui a des dons & des talents, & dont le commerce eſt ſur & agréable.

Un Gentilhomme, eſt un homme d'extraction noble.

Un homme gentil, eſt celui qui eſt gai, vif, joli, &c.

C'eſt un pauvre homme, c'eſt *un pauvre Auteur*, ſignifient un homme & un Auteur qui ont peu de mérite.

Un homme pauvre, un *Auteur pauvre*, ſignifient un homme, un Auteur ſans biens. *Liniere voyant Chapelain & Patru, dit que le premier etoit un pauvre Auteur, & le ſecond un Auteur pauvre.*

Un homme plaiſant, eſt un homme gai, enjoué, qui fait rire.

Un plaiſant homme, ſe prend en mauvaiſe part pour un homme ridicule, bizarre, ſingulier, &c.

Un honnête homme, c'est un homme qui a des mœurs, de la probité, &c.

Un homme honnête, est un homme poli, qui plaît par ses bonnes manieres.

Les honnêtes gens d'une ville, sont ceux qui ont du bien, une réputation intégre, une naissance honnête, &c.

Des gens honnêtes, sont des gens polis, qui reçoivent bien ceux qui les visitent.

Furieux, placé après le subst. comme *un lion furieux*, *un taureau furieux*, signifie en fureur, transporté de colere, Ex.

Mais quoique seul pour elle, Achille *furieux*
Epouvantoit l'armée, & partageoit les Dieux. RAC.

Furieux, placé avant le subst. signifie dans le style familier la même chose que très-grand, énorme ; il désigne l'excès. Ex. *Il essuya une* furieuse *tempête. Voilà une* furieuse *bête, disoit-on en parlant du rhinocéros.*

Mortel, quand il signifie *qui est sujet à la mort*, ne peut se mettre qu'après le subst. *Durant cette vie* mortelle.

Mortel, quand il précéde le subst. signifie grand, excessif. *Despréaux etoit le* mortel *ennemi du faux. Il y a trois* mortelles *lieues d'ici là.* M. D'OLIVET.

Un homme vrai, c'est un homme véridique, qui n'est point sujet à mentir. *Une nouvelle vraie*, c'eſt une nouvelle véritable: Mais quand on dit, *Gilles eſt un* vrai *char-latan ;* cela ſignifie, *Gille eſt* réellement *charlatan. Ce que vous dites eſt une* vraie *fable ;* cela veut dire, *ce que vous dites eſt une pure fable ; il n'y a rien de* vrai *dans ce que vous dites.*

L'article & l'adjectif placés avant un un nom propre, ont quelquefois un ſens différent de celui qu'ils ont quand ils ſont placés après.

Cette phraſe, *j'ai vu le riche Luculle ;* ſignifie, *j'ai vu Luculle qui eſt riche.*

J'ai vu Luculle le riche, donne à entendre qu'il y a plus d'un Luculle, & que j'ai vu celui d'entr'eux, qui eſt diſtingué des autres par ſes richeſſes. M. DUCLOS.

DU RÉGIME DES ADJECTIFS.

Il y a des adj. qui ne régiſſent rien : ce ſont ceux dont la ſignification eſt déterminée à une certaine choſe. Comme *un homme courageux, intrépide.*

La parole des Rois doit être *inviolable.*

Il y a d'autres adj. qui régiſſent un nom ou un verbe : ce ſont ceux qui ont par eux-mêmes un ſens vague, & dont la ſignification doit être reſtreinte. *L'exercice & la tempérance ſont* capables de *conſerver*

aux vieillards quelque chose de leur pre-
miere vigueur.

Mourir pour sa patrie est un sort *plein d'appas.*
Qui peut vivre infâme est *indigne de vivre.*

Il y a enfin des adj. qui sont sans rég.
quand on les employe dans une signification générale, & qui ont un rég. quand on
veut les appliquer à quelque chose de particulier. Ex. *Ce n'est pas en se livrant à ses*
passions que l'on vit content *, c'est en les ré-*
glant.

Content du simple nécessaire ,
Fuis le chemin glissant qui mene à la grandeur.

REM. 1e. Il ne faut point donner un
rég. à un adj. qui ne doit pas en avoir. Le
P. Bouhours a repris Balzac d'avoir dit :
ils connoissoient la noblesse de leur naturel ,
qui est impatient du joug & de la contrainte, c'est-à-dire, qui ne peut souffrir
le joug, ni la contrainte.

Impatient ne régit pas de subst. ; il peus
rég. un Verbe, & l'on dit : *impatient de se*
venger.

REM. 2e. C'est une faute de donner à
un adj. un autre rég. que celui qui lui est
assigné par le bon usage. Par ex. l'adj. *prêt*
veut être suivi de la prép. *à* ; comme, *elle*
est prête à partir, à bien faire. ACAD. Ce
seroit une faute de dire, *elle est* prête de

partir, de bien faire. Plusieurs font cette faute.

REMARQUES SUR LES PRONOMS.

1re. *Il*, dans les Verbes imperf. ou pris impersonnellement, s'emploie sans rapport à un nom déja exprimé. Ex. *Il s'est passé* bien des choses depuis votre départ. *Bien des choses* font ici sujet, & non-pas rég. du Verbe *s'est passé.* C'est comme s'il y avoit : Bien des choses se font passées, &c.

2e. Les Pronoms *il, elle, qui, que, dont, le, la, les,* & *son, sa, ses, leur,* font souvent des equivoques dans les phrases, où pouvant se rapporter au sujet, on les fait rapporter au rég. Ex. *Hypéride a imité Démosthene en tout ce qu'il a de beau. Il,* peut se rapporter à Hypéride ou à Démosthene. Il falloit dire, selon le sens qu'on avoit en vue. *Tout ce qu'Hypéride a de beau est imité du célèbre Démosthene ;* ou *Hypéride a imité tout ce que Démosthene a de beau.* Il *a toujours aimé cette personne au milieu de son adversité. Son* est equivoque. Dites selon le sens que vous avez en vue : *Quoiqu'il fût dans l'adversité, il a toujours aimé cette personne ;* ou *il a toujours aimé cette personne, quoiqu'elle fût dans l'adversité.*

J. C. a reçu l'aveugle né dans la communion de son esprit, & a fait de son cœur son

temple vivant. Dans ce dernier exemple,
le difcours eft embarraffé, parce que les
différents *fon* ne fe rapportent pas à la même perfonne.

Pour ôter l'équivoque, on pourroit dire, *J. C. a reçu l'aveugle né dans la communion de* fon *efprit,* & *a fait* fon *temple vivant du cœur de cet aveugle.*

*On croira même ajouter quelque chofe à la
gloire de notre Augufte Monarque* (Louis
XIV.), *lorfqu'on dira qu'il a eftimé, qu'il
a honoré de fes bienfaits le grand Corneille,
& que même, deux jours avant fa mort,
lorfqu'il ne lui reftoit plus qu'un rayon de con-
noiffance, il lui envoya encore des marques de
fa libéralité.* Sa & *lui* font ici equivoques.
Suivant les regles de la Langue, ils doivent fe rapporter à Louis XIV; cependant
c'eft de Corneille dont parle Racine. On
pourroit dire, *& que même avant la mort
de ce grand génie, à qui il ne reftoit plus,* &c.

3ᵉ. *Il, qui, que, dont, lequel, le, en, où,
celui*, ne doivent pas fe rapporter à un nom
pris dans une fignification indéfinie, & qui
forme un fens indépendamment de ce qui
peut fuivre. Les phrafes fuivantes ne valent
rien. *Le Légat publia une Sentence d'interdit
fur tout le Royaume; il dura fept mois,* &c.
On fit treve *pour trois mois, qui ne dura
pourtant que trois jours. Quelques efforts que*

ces Orateurs faſſent *pour animer leurs diſ-*
cours, *on les ecoute avec* froideur, laquelle
eſt d'autant plus ſenſible, *que l'on n'eſt agité*
d'aucune emotion. Vous avez droit *de chaſ-*
ſer dans cette plaine, & *je le trouve bien*
fondé. Il faut que vous ayez ſoin *de travail-*
ler avec la Grace, & *que vous remettiez à*
Dieu celui *de vous viſiter.* Dans ces phraſes *interdit*, *treve*, *froideur*, *droit*, *ſoin*,
ſont pris dans un ſens indéfini ; ainſi les
pron. ne s'y rapportent pas bien ; il falloit
dire :

Le Légat publia une Sentence d'interdit
ſur tout le Royaum;, & cet interdit *dura*
ſept mois, &c. On fit pour trois mois une
treve qui *ne dura*, &c. Quelques efforts que
ces Orateurs, &c. on les ecoute avec une froideur qui *eſt d'autant plus ſenſible*, &c. *Vous*
avez droit *de chaſſer dans cette plaine*, &
je trouve ce droit *bien fondé.* Il faut que vous
ayez un grand ſoin *de travailler avec la*
Grace, & *que vous remettiez à Dieu* celui
de vous viſiter.

4e. *Le mien*, *le tien*, *le ſien*, *le nôtre*, *le*
vôtre, *le leur*, ne peuvent pas non-plus ſe
rapporter à un nom pris dans un ſens indéfini. On ne dira pas : Il *n'eſt point* d'humeur
à faire plaiſir, & la mienne *eſt bienfaiſante.*
Dans les premiers âges du monde, *chaque pere*
de famille *gouvernoit* la ſienne *avec un pou-*

voir abfolu, &c. Il faut prendre un autre tour, & dire, par exemple : *Il n'eſt pas d'humeur à faire plaiſir, & moi je fuis d'une humeur bienfaiſante*; ou, *& moi j'aime à rendre ſervice. Dans les premiers âges du monde chaque pere de famille gouvernoit ſes enfants, &c.*

5e. Les relatifs doivent être rapprochés, autant qu'il eſt poſſible, des noms auxquels ils ſe rapportent ; ſans cela ils feront des equivoques : ainſi, au lieu de dire. *Philippe le Hardi aida à porter le cercœuil de ſon pere depuis Paris juſqu'à S. Denis. On voit encore aujourd'hui ſept piramides de pierre dans le Faubourg S. Laurent & ſur le chemin de S. Denis, que ce Prince fit elever dans les endroits où il s'étoit repoſé. La fidélité & la promptitude à profiter des occaſions qui echappent dans un moment, ſont* deux grandes qualités *dans la Médecine, d'où dépend tout le ſuccès de cet art. C'eſt un* préſent *du ciel dont il honore les grands hommes.* Je dirois, *Philippe le Hardi*, &c. *On voit encore aujourd'hui dans le faubourg S. Laurent, & ſur le chemin de S. Denis,* ſept piramides de pierre, que *ce Prince fit elever*, &c. *La fidélité & la promptitude*, &c. ſont dans la *Médecine* deux grandes qualités *d'où dépend tout le ſuccès de cet art. C'eſt un* préſent *dont le ciel honore les grands hommes,*

DES MODES ET DES TEMPS
DU VERBE.

ON appelle *Modes* les différentes manieres d'employer les Verbes. Il y a quatre Modes, fçavoir, *l'infinitif*, *l'indicatif*, *l'impératif*, & le *fubjonctif*.

Dans ces Modes il y a des Temps, c. à d. des terminaifons qui font connoître, fi ce qui eft exprimé par le Verbe doit fe rapporter au temps préfent, au paffé ou à l'avenir.

Du Mode infinitif, & des Temps de ce Mode.

L'Inf. eft une maniere d'employer le Verbe fans rapport aux différentes perfonnes; comme, *Rien n'empêche* de dire *la vérité* en riant.

Les Temps de l'Inf. font, le *préfent*, le *participe*, le *parfait*, les *gérondifs* préfent & paffé.

Le préf. de l'inf. marque un préf. relatif au Verbe qui le précéde. Ex. *Je le vois actuellement jouer. Jouer* marque une action préfente. *Il va tous les jours jouer à la paume. Jouer* marque un préfent d'habitude. *Je l'ai vu jouer.* Ici *jouer* défigne une action qui etoit préfente dans le temps que j'ai vu la perfonne dont je parle.

Le Participe tient de la nature du Verbe & de celle de l'adj. Du Verbe, il en a la fignification, le rég., & il en forme les temps compofés. De l'Adjectif, il qualifie les fubft. & il a un mafc. & un fém.

Le Parf. de l'inf. marque un paffé relatif au Verbe qui le précéde, comme *il eſt très-utile* d'avoir reçu *une bonne education.*

Les Gérondifs défignent, 1o. l'état du fujet, la raifon ou le fondement de l'action ; en ce cas ils ne font pas précédés de la prépofition *en*, & ils répondent au part. des Latins. Ex. *Albert Valſtein fut naturellement fort fobre, ne* dormant *prefque point,* travaillant *toujours,* fupportant *aifément le froid & la faim,* &c. Ici les Gérondifs marquent l'état d'Albert Valftein.

La plûpart des Grands du Royaume jugeant *la 2e. Croiſade contraire au bien de l'Etat, voulurent en détourner S. Louis. Jugeant* marque ici le fondement de l'action ; il fignifie, *parce qu'ils jugeoient.*

2o. Les Gér. marquent une circonftance de l'action, une maniere ou un moyen de parvenir à une fin. Alors ils font, ou ils peuvent être précédés de la prép. *en* ; ils répondent au gérond. des Latins. Ex. *Ne manquez jamais en* paffant *devant quelqu'un que vous connoiſſ z, de le faluer poliment. Soyez* perfuadé *qu'en* lifant *avec réflexion, vous vous formerez l'esprit.*

REM. 1re. Pour eviter les equivoques ; il faut qu'il y ait dans la phrase un mot auquel les part. & les gér. puissent se raporter naturellement ; comme, *on a guéri un grand Prince d'un vomissement invétéré*, en *lui* fesant *prendre tous les jours deux cuillerées de vin d'Espagne.*

Mais il seroit equivoque de dire. *Etant résolu de partir, je vous remettrai votre livre.* Il faut ; *comme je suis*, ou *comme vous êtes résolu de partir*, &c. selon le sens qu'on veut exprimer. Autre Ex. *Plutarque, dans la vie de Pompée, assure qu'*ayant demandé *l'honneur du triomphe, Sylla s'y opposa.* On croit d'abord que ce fut Plutarque qui demanda l'honneur du triomphe. Il falloit dire, *Plutarque, dans la vie de Pompée, assure que* ce jeune Général ayant demandé *l'honneur du triomphe*, &c.

REM. 2e. Il ne faut pas mettre de suite deux gérondifs, sans les joindre par la conjonction *&*. Ex. *Les vainqueurs* ayant rencontré *la litiere d'Auguste*, croyant *qu'il fût dedans*, la fausserent. Il faut dire, *& croyant* qu'il *etoit* dedans, la fausserent.

REM. 3e. Quand on joint deux gér. passés, si le premier est sans négation, & que le second ait une négation & réciproquement, il faut alors répéter *ayant* ou

etant

etant avant le second gér. On dira bien, *la ville* ayant *eté prise & abandonnée au pillage, le soldat y fit un immense butin.* Mais c'est faire une faute, que de dire avec un Auteur moderne : *Les idées de la Religion* n'étant pas mises *en œuvres* & reléguées *dans un coin de l'ame, perdent de leur force & de leur eclat,* &c. Il falloit, *n'étant pas mises* en œuvres, *mais etant reléguées dans* &c.

REGLES SUR LES PARTICIPES
ET LES GÉRONDIFS.

PREMIERE. *Ayant, étant, eté,* & les *gér. préf.* ne prennent ni genre ni nombre. Ex. *Rome* ayant été *prise par les Gaulois, fut saccagée & réduite en cendre.* Voyez plus haut pour les gérond. *La plûpart des Grands* jugeant, &c.

2e. Le Participe doit être mis au même genre & au même nombre que le nom ou le pron. auquel il se rapporte. 1°. dans les Verbes passifs, 2°. dans les Verbes neutres qui se conjuguent avec *être,* 3°. dans tous les Verbes Pronominaux qui ne sont point réfléchis. Ex. *Les belles choses ont besoin d'être* bien *ecrites, comme les pierres précieuses d'être* bien *enchassées. Nous de-*

E

vors nous appliquer à découvrir les bonnes & *les mauvaises qualités avec lesquelles* nous sommes nés, *afin de fortifier les bonnes, &* *de corriger les mauvaises.* C'est des débris de l'Empire Romain *que se sont formés la plû-* part des Etats de l'Europe.

Avant de passer à la 3e. *Regle* rappellez-vous que *me*, *te*, *se*, *nous*, *vous*, sont, ou rég. simp. ou rég. composé; ils sont rég. simp. quand ils se tournent par *moi, toi,* &c. sans prép.; & ils sont rég. composé, quand ils se tournent par à *moi*, *à toi*, &c.

Il m'aborde & me serre la main. On tourne, *il aborde* moi, *& serre à* moi *la main;* ainsi le 1er. *me* est rég. simp., le 2e. régim. comp. L'homme insensé *se repaît de vaines es-* pérances, *& les imprudents* se promettent de grandes choses. Le 1er. *se* est rég. simp., le second rég. composé. Que relatif, *le*, *la*, *les* sont rég. simples.

3e. Dans les Verbes actifs & réfléchis, le Participe, quand il est précédé de son rég. simp. prend toujours le genre & le nombre de ce rég. Ex. La gloire *que nos ancêtres* nous ont laissée, *est un héritage dont le seul* mérite peut nous donner la possession. *Les dé-* réglements *affreux qui inonderent la terre,* après que la race de Seth se fut alliée *avec* celle de Caïn, *font voir ce que peut le mau-* vais exemple. Ils jettent des regards de tendreſſe ſur la terre *qui* les a vus naître. MÉM. DE TRÉV. *Ceux qui agiſſent ſont les mêmes créanciers* que vous avez vus agir *avant votre départ.* M. PREVOT. *Les Tribuns demanderent à Claudius l'exécution de la parole qu'avoit donnée le Conſul Valérius.* Voyez la Gram. Françoiſe.

REM. Si dans les phraſes ſuivantes : *Il faut pour avancer dans l'étude des ſciences ne jamais s'écarter de la bonne route* que l'on a commencée à ſuivre. *Les troupes de Charles VII. n'auroient pas empêché la priſe d'Orléans, ſi elles ne ſe fuſſent laiſſé conduire par une jeune fille. Ne laiſſons point paſſer de jours ſans nous appliquer à la ſcience* que nous nous ſommes propoſé d'étudier. &c.

Si dans ces phraſes, & dans les autres ſemblables, les Participes ne prennent ni genre ni nombre, c'eſt qu'ils ne ſont point précédés de leur rég. ſimple. *Que, ſe,* ſent ici régis, non par les particip. mais par les Verbes qui ſuivent les participes.

En effet quand je dis : *La Géographie que vous n'avez pas* voulu etudier, *n'eſt pas difficile,* &c. le *que* eſt régi par etudier ; & ſi je traduis en Latin, je dirai : *Geographia* cui *ſtudere noluiſti,* &c. où *cui* eſt au datif, parce que *ſtudere* régit le datif.

D'ailleurs, ſans recourir au latin, mettez, *s'appliquer,* au lieu d'*étudier,* vous direz alors , *la Géographie* à laquelle *vous n'avez pas voulu vous appliquer ;* pourquoi? parce qu'on dit, *s'appliquer à quelque chose.*

4e. Dans les Verbes actifs & réfléchis, le part. ne prend ni genre , ni nombre, quand il n'est pas précédé de son rég. simple. Les Verb. neutres qui prennent *avoir,* & les Verbes impersonnels n'ayant jamais de rég. simp. , ont toujours le participe au masculin singulier. Exemp. *Il y a beaucoup plus de médailles frappées à la gloire des Princes qui* ont réparé *les edifices publiques , qu'à l'honneur de ceux qui en ont* fondé *de nouveaux. Tite, Trajan , Antonin, Marc Aurele , ont* mérité *d'être appellés les délices du genre humain , parce qu'ils* n'ont usé *de leur pouvoir que pour faire du bien aux autres. Les grandes chaleurs qu'il a* fait *cette année , ont* causé *beaucoup de maladies.*

DE L'INDICATIF ET DES TEMPS
de ce Mode.

L'Ind. affirme directement ; ainsi tous les temps qui marquent affirmation, appartiennent à l'Indicatif.

Les temps de l'Ind. sont le *prés. absolu,* l'*imparf.* ou *prés. relatif,* le *parf. déf.* le *parf. indéf.,* le *parf. antérieur ,* le *plusque parf.,* le *futur simple ,* le *fut. antérieur* ou *composé ,* le *conditionel prés ,* & le *condition. passé.* Voici l'usage de ces temps.

Le *préf. abf.* marque & ce qui fe fait actuellement, & ce qui fe fait habituelle-
ment. Ex. *J'entends du bruit. Quand il fait
beau*, je quitte *le logis* & je vais *au Luxem-
bourg.*

L'*imparf.* ou *préf. rel.* marque l'action
comme préfente au temps de quelque circonftance défignée, comme quand Mal-
herbe dit fur un livre de fleurs du Peintre
Rabel.

> L'Art y furmonte la Nature,
> Et fi mon jugement n'eft vain,
> Flore lui *conduifoit* la main
> Lorfqu'il *fefoit* cette peinture.

Le *parf. déf.* marque une chofe faite dans
un temps qui eft entierement ecoulé, &
dont il ne refte plus rien ; comme, *je reçus* hier, la femaine paffée, le mois dernier, &c. des nouvelles de notre ami.

Le *parf. indéf.* marque une chofe faite
dans un temps qui n'eft pas encore tout-à-
fait ecoulé. Ex. *J'ai vu* aujourd'hui, cette
femaine, ce mois-ci, cette année, quelqu'un qui m'a parlé de vous.

Le *parf. antérieur déf.* marque une chofe
faite avant une autre qui fe fit dans un
temps dont il ne refte plus rien ; comme,
Nous revinmes hier à Paris quand nous
eumes vu *le Roi.*

Le *plufque parf.* marque qu'une chofe

E iij

etoit déja faite dans le temps qu'une autre s'eſt faite. Ex. J'avois dîné *quand votre fre-re eſt venu.*

Le futur fimpl. marque qu'une choſe ſe-ra ou ſe fera, comme :

Oui j'aimerai toujours le Dieu qui m'a fait naître,
Toujours j'obſerverai la loi d'un ſi bon maître.

Le futur antér. marque qu'une choſe ſe-ra faite avant une autre ; comme : *Lorf-qu'un ouvrier* aura travaillé *pour vous,* vous *lui paierez exactement ce qui lui eſt dû.*

Le condit. préſ. marque qu'une choſe ſe-roit, ou ſe feroit moyennant une condi-tion. Ex. *Nous nous* epargnerions *bien des* chagrins, *ſi nous ſavions réprimer nos paf-ſions.*

Le condit. paſſé marque qu'une choſe au-roit eté faite, ſi certaine condition avoit eu lieu ; comme quand Céſar dit à Bru-tus, en parlant de Pompée :

Crois-tu, s'il m'eut vaincu, que cette ame hautaine
Eut laiſſé reſpirer la liberté Romaine ?
Ah ! ſous un joug de fer il t'auroit accablé ;
Qu'eut fait alors Brutus ?

BRUT. REP.

Brutus l'eut immolé.

Nota. Outre les parf comp. *j'eus aimé,* j'ai aimé, nous avons un parf. ſurcompo-ſé, comme, *j'ai eu aimé.* Ex. *Je ſuis ſorti* ce matin, *quand j'ai eu achevé ma lettre.*

Outre le plufque-parfait *j'avois dîné*, nous avons aussi un plufque-parfait. fur-compofé ; comme, *fi j'avois eu reçu plutôt votre lettre, j'aurois eté au-devant de vous.*

Le fut. antér. fur-compofé, eft. *Il fe fera endormi dès qu'il* aura eu achevé *fa lettre.*

Le condit. paffé fur-compofé, eft. *J'aurois eu achevé avant vous, fi je n'avois pas eté interrompu.*

Comme l'ufage des temps fur-compofés eft rare, nous ne les avons point mis dans les conjugaifons.

REM. Le préf. de l'ind. s'emploie quelquefois pour un futur proche. Ex. *Il vous fuit tout-à-l'heure ; il* part *demain pour Arras*, c. à d. *il vous* fuivra, *il* partira, &c. *Je fais que vous* allez *demain à la campagne.*

2°. Le préf. marque encore un futur, quand il eft précédé de *fi* pour *fuppofe que.* Ex. *Je vous irai voir, fi je me porte bien.*

3°. On fe fert du préf. au lieu du paffé, pour donner plus de vivacité à ce qu'on raconte, comme dans ce récit d'une tempête. *Dès que la flote eft en pleine mer, le ciel* commence *à fe couvrir de nuages, les eclairs* brillent *de toutes parts, le tonnerre* gronde, *la mer* ecume, *les flots s'entrechoquent, les abymes* s'ouvrent, *les vaiffeaux*

D iv

perdent *leurs voiles, leurs mâts, leurs gou-*
vernails, & vont se briser contre les bancs
& les rochers.

4°. Quand on se sert du présent pour
le passé, il faut que les Verbes qui précé-
dent soient aussi au prés. Les phrases suivantes ne me paroissent pas correctes. *Le*
Centurion envoyé par Mucien entre dans le
port de Carthage; & dès qu'il fut débarqué, il eleve la voix, &c. Il falloit, *& dès*
qu'il est débarqué, il eleve *la voix. Ils vin-*
rent en diligence, & de grand matin, avant
que le jour fût bien décidé, ils entrent *avec*
violence dans le palais de Pison. Il falloit,
ils viennent en diligence, & de grand ma-
tin, avant que le jour soit bien décidé, ils
entrent, &c. ou, *ils vinrent.... avant que*
le jour fût *bien décidé,* ils entrerent, &c.
Tandis que le Cardinal (Mazarin) gagnoit
des batailles contre les ennemis de l'Etat, les
siens particuliers combattent *contre lui.* Il
falloit, *tandis que le Card.* gagne *des ba-*
tailles contre les ennemis de l'Etat, les siens
combattent *contre lui.*

Remarques sur les temps de l'ind. précédés de la conjonction *que.*

1°. Quand l'imparf. de l'ind. est précédé d'un prés. ou d'un futur & d'un *que,*
alors il désigne un passé. Ex. *Vous n'igno-*
rez pas que les premiers chrétiens etoient

remplis *d'une foi vive & d'une ardente cha-*
rité.

2ᵉ. L'imparf. de l'ind. désigne un préf.
quand il eſt précédé d'un imparf., d'un
parf., d'un pluſq. parf. ou d'un condit.
Ex. *On* diſoit, *ou on* a dit *de l'éloquent Péri-*
clès qu'il eclairoit, *qu'il* tonnoit, *qu'il* por-
toit *une foudre ſur la langue. Dès qu'Ariſtide*
eut dit *que la propoſition de Thémiſtocle etoiṭ*
injuſte, tout le peuple la déſapprouva.

Excepté quand l'imparfait exprime une
action paſſée avant celle qui eſt exprimée
dans le premier Verbe ; & alors on peut,
ſans changer le ſens de la phraſe, rendre
l'imparf. par un paſſé. Ex. *Je* croyois *que*
vous etiez hier *à la campagne.* J'ai *toujours*
penſé *que les Romains* etoient *auſſi prudents*
que courageux. Vous avez lu *dans l'hiſtoire*
Romaine, que Rome etoit *d'abord* gouver-
née *par des Rois.*

3ᵉ. Quand le premier Verbe eſt à l'imparf. ou au parf., on met le ſecond à l'imparf. ſi l'on veut marquer un préſent ; au
pluſque-parfait, ſi l'on veut marquer un
paſſé ; au conditionnel préf., ſi l'on veut
marquer un futur ſimple ; au conditionnel
paſſé, ſi l'on veut marquer un futur antérieur. Ex. *Je croyois, j'ai cru, j'avois cru que*
vous vous appliquiez *à l'étude.*

Darius dans ſa déroute, réduit à boire

d'une eau bourbeuse & infeélée par des corps morts, affura *qu'il n'*avoit *jamais* bu *avec tant de plaisir.*

Platon difoit *que les peuples feroient heureux, s'il arrivoit que la fageffe fût le feul objet de ceux qui gouvernent.*

Si donc vous avez à traduire, *foror dicebat fe venturam effe :* vous traduirez, *ma foeur difoit qu'elle* viendroit, & non-pas *qu'elle viendra,* &c.

4e. Quoique le premier Verbe foit à l'imparf. ou au parfait, le fecond peut fe mettre au préfent ; quand ce fecond verbe exprime une chofe vraie dans tous les temps. Ex. *Un Sage de la Grece* foutenoit *que la fanté* fait *la félicité du corps, & le favoir celle de l'efprit.* Ovide a dit *que l'étude* adoucit *les moeurs, & qu'elle* efface *ce qu'il y a en nous de groffier & de barbare.*

DE L'IMPÉRATIF.

L'Impératif eft une maniere d'employer le Verbe, pour commander ou pour défendre, pour prier ou pour exhorter. Ex.

Tenez votre parole inviolablement ;
Mais *ne la donnez pas inconfidérémer*r.

REM. 1e. *Me, te, moi, toi,* peuvent fe trouver entre un verbe à l'impératif, & un autre à l'infinitif, comme, *venez* me *voir, va* te *laver ; laiffez-*moi *faire, fais-*toi *frifer.*

On emploie *me*, *te*, quand le Verbe à l'impératif eft neutre, comme, *venez*, *va* ; & l'on fe fert de *moi*, *toi*, quand il eft actif, comme, *laiffez*, *fais*.

R.EM. 2ᵉ. On dit, *tranfportez-vous-y* : mais dites, *envoyez-y moi*, & non-pas *envoyez-m'y*, ni *envoyez-moi-z-y*. Dites *donnez-m'en*, *donne-t'en*, & non-pas, *donnez-mois-en*, *donne-tois-en*. Obfervez la même chofe avec les autres Verbes.

DU SUBJONCTIF.

Le Subjonctif ou Conjonctif eft une maniere d'employer le Verbe comme fuite d'un evénement. Ce mode s'appelle fubj. ou conj., parce qu'il dépend d'une conjonction après laquelle il fe met.

Ufage du Subjonctif.

Quand le Verbe qui eft avant la conjonction n'annonce rien de pofitif, ce qui arrive quand il eft accompagné d'une négation, ou qu'il marque quelque fentiment de l'ame, comme doute, ignorance, incertitude, défir, fouhait, &c. alors on met au fubj. le verbe qui eft après la conjonction. Ex. *Je ne crois pas qu'il puiffe y avoir de vraie amitié entre des perfonnes qui ne font pas vertueufes. Croyez-vous qu'on* puiffe *devenir favant, fans etudier avec méthode ?*

E vj

Philippe second dit au Docteur Velasque Conseiller d'Etat : J'entends que dans toutes les affaires douteuses où je serai partie , vous dé-cidiez toujours contre moi.

Le Verbe se met au subj. après *afin que, à moins que, avant que, au cas que, malgré que, en cas que, bien que, encore que, quoique, de crainte que, de peur que, jusqu'à ce que, posé que, supposé que, pour que, pourvu que, quelque… que, quel ou quelle que… quoi que, sans que, soit que.* Ex. *On nous exhorte à bien employer le temps de notre jeunesse,* afin que nous puissions *un jour remplir dignement les devoirs de notre etat.*

Cirus disoit qu'on n'étoit pas digne de commander, à moins qu'on ne fût *meilleur que ceux à qui on donnoit la loi.*

On se servoit d'écorces d'arbres ou de peaux pour ecrire, avant que le papier fût *en usage.*

Les plaisirs ne sont pas assez solides pour qu'on les approfondisse, *il ne faut que les effleurer.*

Un Gentilhomme doit se soutenir avec honneur auprès des Princes, sans qu'aucun intérêt puisse l'obliger à rien faire qui soit *indigne de sa qualité.*

Quelque *naissance* que vous ayez , quelques *dignités* que vous possédiez, *ne méprisez personne.*

Dans toutes ces occasions *que* régit le subj. parce qu'alors il n'annonce rien de positif.

REM. *Si-non que, si ce n'est que, de sorte que, en sorte que, tellement que, de maniere que*, régissent tantôt l'indicatif, & tantôt le subjonctif.

Que, dans ces expressions, régit l'indic. quand le Verbe qui précede exprime quelque chose de certain & de positif; & il régit le subj. quand le Verbe qui précéde n'annonce rien de positif. Ex. *Comportez-vous* de telle maniere ou de telle sorte que vous méritiez *l'estime des gens de bien. Il s'est comporté* de telle maniere ou de telle sorte qu'il a mérité *l'estime des gens de bien. avant de* ou *avant que de rien entreprendre, prenez de justes mesures*, enforte que vous *n'ayez rien à vous reprocher, si vous ne réussissez point dans vos entreprises. Votre frere a pris de fort justes mesures*, enforte qu'il n'aura rien *à se reprocher, s'il ne réussit pas dans son entreprise*, &c.

REM. *Que* régit le subj. 1°. quand il est mis pour *si, à moins que, avant que, dès que, aussi-tôt que, quoique, soit que, afin que, sans que, de ce que.* Ex. *Si vous lisez l'histoire, & que vous cherchiez un Prince egalement favorisé & persecuté de la fortune, vous le trouverez dans la personne de l'Empereur Henri IV.*

Alexandre ne voulut pas pardonner aux Athéniens, qu'ils ne lui livraſſent *dix citoyens à ſon choix.*

Qu'on aille *à la campagne,* qu'on demeure *à la ville, il faut ſavoir s'occuper utilement.*

Le dépit n'a jamais ſatisfait ſes tranſports,
Qu'il n'ait livré notre ame à d'éternels remords.

2°. *Que* régit le ſubj. dans les phraſes impératives. Ex. Qu'on ne vienne point *me vanter un grand nom, il eſt très-petit, ſi celui qui le porte eſt inutile à l'Etat.* EDUC. DE LA NOBLESSE.

REM. Les relatifs *qui, que, dont, lequel,* &c. régiſſent le ſubj. 1°. après une interrogation. 2°. quand ils ſont précédés d'un ſuperl. rel. 3°. quand par le Verbe qui eſt après le rel. on veut marquer un ſouhait, une condition, &c. ou qu'on ne veut pas affirmer poſitivement. Ex. *Quel eſt l'inſenſé* qui tienne *pour ſûr, fût-il à la fleur de l'âge, qu'il vivra juſqu'au ſoir.*

Le plaiſir d'obliger eſt le ſeul bien ſuprême,
Qui puiſſe elever l'homme au-deſſus de lui-même.

Un homme qui n'a point d'amis ne *trouve* perſonne ſur qui il puiſſe *compter, &* dont il ait lieu *d'attendre du ſecours.*

Le meilleur *cortege qu'un Prince* puiſſe avoir, *c'eſt le cœur de ſes ſujets.*

DE L'USAGE DES TEMPS *du Subjonctif.*

REG. 1e. Le préſ. du Subj. déſigne ſouvent un fut. Ex. *Je ne crois pas* qu'il vienne demain. *Je doute* qu'il ſorte avant la ſemaine prochaine. *Vienne* & *ſorte* marquent ici un futur , & ils ſe traduiroient en latin par le futur.

R. 2e. Quand le premier verbe eſt au préſ. ou au fut. le verbe qui eſt après *que* ſe met au préſ. du ſubj. ſi l'on veut exprimer un préſ. ou un futur ; & au parf. ſi l'on veut exprimer une choſe paſſée. Ex. *Il* faut *ou* il faudra qu'ils ſoient plus attentifs. *Il* ſuffit qu'un *habile homme* n'ait *rien* oublié *dans ſes entrepriſes : les bons ou les mauvais ſuccès ne doivent ni augmenter , ni diminuer les louanges qu'il mérite.*

REM. Quoique le premier verbe ſoit au préſ. on doit mettre le ſecond à l'imparf. ou au pluſque parf. , quand on place dans la phraſe un des deux condit. , un imparf. ou un pluſque-parfait. Ex. *Il n'eſt point d'homme , quelque mérite qu'il ait ,* qui ne fût *très-mortifié, s'il ſavoit tout ce qu'on penſe de lui.* Je doute que j'euſſe réuſſi , *ſi je n'euſſe pas ſuivi vos conſeils.*

R. 3e. Quand le premier verbe eſt au parf. indéf. , le ſecond ſe met ordinaire-

ment à l'imparf. du subj. fi l'on veut exprimer un préf. ; & au parf. fi l'on veut exprimer une chofe paffée. Ex. *On s'eft fervi
d'écorces d'arbres , ou de peaux pour écrire,
avant que le papier fût en ufage.* Il a fallu
qu'il ait follicité *fes Juges , & qu'il fe foit*
informé *de plufieurs autres affaires.*

Nota. Quand le premier Verbe eft au
parf. indéf. on peut auffi mettre le fecond
au préf. du fubj. , lorfque ce fecond Verbe
exprime une action qui peut fe faire dans
tous les temps. Ex. *Dieu* a entouré *les yeux
de tuniques fort minces , tranfparentes au-
devant , afin que l'on* puiffe *voir à travers.*
M. D'OLIVET.

REG. 4e. Quand le premier Verbe eft à
l'imparf. , au parf. , au plufque-parf. , aux
condit. , alors le fecond fe met à l'imparf.
du fubj. , fi l'on ne veut pas exprimer une
chofe paffée ; & au plufque-parf. quand on
veut marquer une chofe paffée. Ex. *Il* vaudroit *mieux pour un homme de qualité,* qu'il
perdît *la vie, que de perdre l'honneur par
quelque action honteufe & criminelle.* Licur-
gue, *par une de fes loix* , avoit défendu
qu'on éclairât *ceux qui fortoient le foir d'un
feftin , afin que la crainte de ne pouvoir fe
rendre chez eux , les* empêchât *de s'enivrer.*
Tout Gouvernement etoit *vicieux, avant que
la fuite des fiecles , & en particulier le Chrif-*

tianiſme , euſſent adouci & perfectionné *l'eſprit humain.* M. l'Abbé Terrasson.

N^a. Ne dites point , *il falloit que j'allas, que je reçus , que je revins , &c.* l'imparf. du ſubj. à la prem. & à la ſeconde perſ. du ſing. eſt terminé par deux *ſſ* & un *e* muet : *que j'allaſſe , que tu reçuſſes , que je vinſſe ,* &c. Ainſi il faut prononcer les deux *ſſ.*

Rem. Le préf. , l'imp. & le pluſq. parf. du ſubj. s'employent encore dans certaines phraſes elliptiques , c. à d. dans leſquelles il paroît y avoir quelques mots ſous-entendus. Ex. Puiſſiez-*vous vivre autant que Mathuſalem ;* c. à d. je ſouhaite que vous puiſſiez vivre , &c. *Heureux , dit très-bien Platon , l'homme qui peut , ne fût-ce que dans la vieilleſſe , parvenir à étre ſage , & à penſer ſainement.*

DE L'ACCORD DU VERBE AVEC ſon Sujet *ou* ſon Nominatif.

Le Verbe perſonnel s'accorde en nombre & en perſ. avec le ſujet ou le nominatif dont il dépend ; & quand un Verbe a pour ſujet le relatif *qui ,* on le met au même genre & à la même perſonne que le nom ou le pronom auquel le *qui* ſe rapporte. Ex. *La Reine Eliſabeth alla voir le Chancelier Bacon, dans une maiſon de campagne qu'il avoit fait bâtir avant ſa fortune :*

d'où vient, lui dit cette Reine, que vous avez fait une si petite maison? Ce n'est pas moi, Madame, *lui dit le Chancelier,* qui ai fait *ma maison trop petite; c'est* votre Majesté qui m'a fait *trop grand pour ma maison.*

Ainsi il y a une faute dans ce qui suit. *La paix ne peut plus se faire que par miracle; on croit que c'est* vous qui fera *ce miracle,* il falloit *qui ferez.*

REM. Le nom au voc. exprime le nom de la perf. à qui on parle, & défigne par conféquent une feconde perf. Ainfi quand le pronom *qui* fe rapporte à un voc. on met à la 2e. perfonne le Verbe qui eft après le *qui.* Ex.

Armand qui *pour fix vers me* donnez *fix cents livres;*
Que ne puis-je à ce prix vous vendre tous mes livres!

Impromptu d'un Poëte qui reçut fix cents livres du Card. de Richelieu, à qui il avoit préfenté un placet en fix vers.

Quand le Verbe fe rapporte à plufieurs fujets de différentes perf., il fe met au plur. & s'accorde avec la plus noble perf. La prem. perf. eft la plus noble des trois; & la 2e. eft plus noble que la 3e. La politeffe françoife veut en ce cas que celui qui parle, fe nomme le dernier. Ex. *Un Curé fort pauvre difoit à un Religieux qui avoit une bourfe bien remplie:* Vous & moi nous ferions *un bon Religieux ; vous faites vœu de pauvreté, & moi je l'obſerve. Vous ſavez que* c'eſt votre frere & moi qui avons découvert *cette intrigue. C'eſt* vous & votre ami qui m'avez joué *ce mauvais tour.*

REMARQUES SUR LES PRÉPOSITIONS.

Les Prépoſitions *avant* & *devant*, ne s'emploient plus l'une pour l'autre.

Avant Prép. marque priorité de temps ou d'ordre. Ex. *Il ne faut pas demander un paiement* avant le temps. *Il eſt* avant ſon frere.

Devant Prép., ne s'emploie guere que pour *en préſence* ou *vis-à-vis.* Ex. *Nous paroîtrons un jour* devant Dieu. *Il loge* devant l'Egliſe.

On ne dit plus *devant hier*, dites *avant-hier. Avanz-hier* eſt une faute groſſiere.

Faut-il dire *avant que de* ou *avant de ;* comme *avant que de lire, avant de lire?* Autrefois on diſoit toujours *avant que de ;* mais depuis plus de vingt ans l'uſage eſt partagé.

On ne dit plus, *devant que de jouer*, ni *devant de jouer.* Dites *avant de jouer*, &c.

En campagne, à la campagne. Le prem. ne ſe dit qu'en parlant du mouvement, du campement ou de l'action des troupes, comme *l'armée ſe mettra bientôt* en campagne. *Les troupes sont entrées* en campagne. Mais il faut dire : *Monsieur N.... est allé, passe l'été* à la campagne. *Venez avec nous* à la campagne.

Autour est suivi d'un rég. Ex. *Il n'y a point de fauxbourgs ni de bâtiments* autour des places fortes.

Alentour est sans rég., & ce seroit à présent une faute de dire avec *M. Godeau :*

> *Ses fils, à l'entour de sa table,*
> *Font une couronne agréable.*

A travers, au travers. Au travers est suivi de la prép. *de.* Ex.

Au travers des périls un grand cœur se fait jour.

A travers n'est point suivi de la prép. *de.* Ex. *Nous n'appercevons la vérité qu'à travers les voiles de nos passions & de nos préjugés.* S. EVREMONT.

REMARQUES SUR LES ADVERBES.

La plûpart des Adverbes sont sans rég. Parmi les Adverbes de maniere ; *dépendamment ; différemment,* peuvent être suivis de la prép. *de ; convenablement, conformément, préférablement, relativement,* peuvent être suivis de la prép. *à.* Ex. *Cet Officier ne commande que* dépendamment *d'un autre qui est son supérieur. Ceux qui ne vivent pas* conformément *à la loi de Dieu, ne font pas véritablement Chrétiens.* &c.

Près , qui fignifie *fur le point de* , ne doit pas être confondu avec l'adjectif *prêt*.

Près (fur le point de) eft toujours fuivi de la prép. *de*. Ex. *Les libertins ont beau faire les efprits forts , ils tremblent plus que les au-tres , quand ils font* près de mourir.

Prêt , adj. , fignifie *difpofé* à quelque cho-fe , *en etat de* faire ou de fouffrir quelque chofe. Ex. *Des amis touj. difpofés à parler en notre faveur , & touj.* prêts *à nous ouvrir leur bourfe , font de bons fupports dans ce monde.* GIRARD.

Prêt a eté employé pour *près* dans ce qui fuit. *L'amour de la liberté nous empéche fou-vent de voir les précipices dans lefquels nous fommes* prêts à tomber. Il falloit, *nous fom-mes* près de tomber.

Plus & *davantage* ne s'emploient pas toujours l'un pour l'autre.

Davantage , ne peut être fuivi de la pré-pofition *de* , ni de la conj. *que* ; il ne peut pas non-plus être fuivi d'un adj. On ne dit point : *Les Livres où il y a* davantage de brillant que de folide *font à la mode.* Il faut dire ... *où il y a* plus de brillant, &c. au lieu de dire : *Celui qui fe fie* davantage *à fes lumieres , qu'à celles de la Grace , commet une ingratitude envers Dieu.* Dites , *celui qui fe fie* plus *à fes lumieres* , &c.

Auſſi & *ſi*, Adverbes de comparaiſon, ne ſe joignent qu'aux adj. & aux Verbes paſſifs. *Tant* & *autant*, ne ſe joignent qu'aux ſubſt. & aux Verbes.

Auſſi & *autant* s'emploient dans les phraſes affirmatives ; *ſi* & *tant* dans les phraſes négatives ou interrogatives. Ex. *L'amour du prochain eſt* auſſi *néceſſaire dans la ſociété pour le bonheur de la vie, que dans le Chriſtianiſme pour la félicité eternelle. L'Europe n'eſt pas ſi grande que l'Asie.*

Il y a autant *de différence entre le ſavant & l'ignorant, qu'il y en a entre celui qui ſe porte bien, & celui qui eſt malade. Les Hiſtoires que nous a données Varillas, ne ſont plus* tant *eſtimées qu'elles l'étoient autrefois.*

Si & *tant* ſignifient encore *tellement, un ſi grand, un ſi grand nombre*, &c. alors ils s'emploient dans les phraſes affirmatives. Ex. *Il a* tant *joué qu'il eſt tombé malade. Il a* tant *de vertu qu'il eſt eſtimé de tout le monde*, &c. *Il eſt ſi ſage que*, &c.

Auparavant ne doit jamais être ſuivi d'un rég. ni d'un *que*. Ne dites point : *J'arrivai* auparavant *mon frere. Il faut mettre ordre à ſes propres affaires* auparavant que de *vouloir arranger celles des autres.* Dites, *avant mon frere, avant de vouloir*, &c.

Ainſi n'imitez pas cette phraſe des Rév.

d'Angleterre. *Quelque - temps auparavant
que l'entreprife de l'Empereur Henri éclatât,
les Comtes d'Anjou & de Montfort avoient
fait leur paix avec le Roi d'Angleterre.*

Il falloit, *quelque-temps* avant que *l'entreprife,* &c.

Ne confondez pas *fur, fous, dans, hors,*
avec *deffus, deffous, dedans, dehors.*

Sur, fous, dans, hors, font toujours fuivis d'un rég. comme *il eft* fur *la table,* dans
la maifon.

Deffus, deffous, dedans, dehors, ont un
rég. 1o. Lorfqu'on met enfemble plufieurs
de ces mots, & qu'on ne met le nom qu'a-
près le dernier ; 2o. quand ils font précédés d'une prép. comme *de, au, par.* Ex.
Il y a des animaux deffus & deffous la terre : *Votre mouchoir n'eft ni* dedans, *ni* deffus la commode. *On voit le feu* de deffus les
tours. *Il paffa* par dedans la ville.

> Un fervice *au-deffus* de toute récompenfe ;
> A force d'obliger, tient prefque lieu d'offenfe.

Ailleurs, fur-tout en profe, *deffus, deffous,* &c. font fans régime.

REMARQUES SUR LE RÉGIME.

Un nom peut être régi par deux adjcct.
deux verbes, deux adverbes, &c. pourvu
que ces adjectifs, ces verbes & ces ad-

verbes aient le même Régime. EXEMP.

> Le bonheur le plus grand, le plus digne d'envie,
> Eſt celui d'être *utile* & *cher à ſa patrie.*

Le luxe eſt ſemblable à un torrent qui entraîne & qui renverſe *tout ce qu'il rencontre.* EDUC. DE LA NOBLESSE.

Mais on ne pourroit pas dire : *Bien des gens occupent des places qu'ils ne* devroient pas, *& qu'ils ne* méritent pas *d'occuper, parce qu'ils ne ſont ni* dignes, *ni* propres *à* les rémplir. Un *Magiſtrat doit toujours juger* ſuivant & conformément *aux loix. Le Maréchal d'Hocquincourt* attaqua & ſe rendit maître d'*Angers.*

La 1ʳᵉ. phraſe ne vaut rien, parce que *d'occuper* ne peut être régi par *devroient :* de plus *dignes* doit être ſuivi de la prép. *de ;* ainſi il ne peut régir *à les remplir.* La 2e. eſt auſſi défectueuſe, parce que *ſuivant* ne peut régir *aux loix.* Dans la 3e. *attaqua* veut un rég. simple ; ainſi il ne peut régir *d'Angers,* qui eſt un régime compoſé.

Pour rendre bonnes ces ſortes de phraſes, il faut donner un rég. à chaque adj., à chaque adv., à chaque prép. comme, *un Magiſtrat doit toujours juger* ſuivant les loix & conformément à ce qu'elles preſcrivent. *Le Maréchal d'Hocquincourt* attaqua Angers, & s'en rendit maître, &c.

REM.

REM. 2e. Un Verbe ne peut régir en même-temps un fubft. & un *que*, un infinitif & un fubft. comme ; *Céfar apprit* la vérité *par fes coureurs*, *&* que *la frayeur avoit troublé la vue à Confidius. Apprit* ayant régi *la vérité*, ne doit point régir *que :* il falloit ajouter un autre verbe, & dire, par exemple ; *Céfar apprit* la vérité *par fes coureurs,& connut* que *la frayeur avoit troublé la vue à Confidius.* Au lieu de dire, *S. Louis aimoit* la juftice, *&* à chanter *les louanges du Seigneur ;* on dira : *S. Louis aimoit* à *rendre la juftice*, *&* à chanter &c. Au lieu de dire, *il n'eft pas néceffaire d'apprendre* à tirer de l'arc, *ni* le maniment *du javelot ;* je dirois, *ni à manier le javelot.*

Souvent pour eviter toute equivoque, les rég. ne doivent pas être féparés des mots qui les régiffent. Par Ex. au lieu de dire, *Ségrais ne s'étoit jamais pu défaire de fon accent de Bas-Normand ; ce qui donna lieu de dire à* Mademoifelle de Montpenfier, à un Gentilhomme *qui alloit faire le voyage de Normandie avec Ségrais : Vous avez-là un fort bon guide, il fait parfaitement la langue du pays.* Je dirois : *Ce qui donna lieu* à Mademoifelle de Montpenfier *de dire* à un Gentilhomme &c.

F.

REMARQUES SUR L'ARRANGEMENT des Mots.

Nous ne ferons ici que quelques remarques. Ceux qui voudront voir le détail des regles qui concernent l'arrangement des mots, les trouveront dans notre Grammaire Françoise.

REM. 1e. On place élégamment après son Verbe, le fujet ou le nominatif qui doit être fuivi de plufieurs modicatifs. Ainfi au lieu de, *Nous ecoutons avec docilité les confeils que* ceux qui favent flatter nos paffions *nous donnent. D'un côté on voyoit une riviere où des îles bordées de tilleuls fleuris & de hauts peupliers* fe formoient. Dites : *Nous ecoutons avec docilité les confeils que nous donnent* ceux qui favent flater nos paffions. *D'un côté on voyoit des rivieres où fe formoient* des îles bordées *de tilleuls fleuris & de hauts peupliers.*

REM. 2e. Pour eviter l'équivoque, pour donner plus de clarté & de force à la phrafe, on répete quelquefois le fujet. Ex. *Le moment de fon trépas arrive;* moment *heureux pour lui, & funefte pour nous. Les honneurs du triomphe lui furent décernés;* honneurs *dont perfonne n'avoit encore joüi avant lui.*

REM. 3e. Le rég. le plus court fe place

le premier ; quand les rég. font de même longueur, le rég. fimple fe place ordinairement avant le rég. compofé. Ex. *L'ambition qui eſt prévoyante, ſacrifie* le préſent à l'avenir : *la volupté qui eſt aveugle, ſacrifie* l'avenir au préſent ; *mais l'envie, l'avarice & les autres paſſions lâches empoiſonnent le préſent & l'avenir.* TERRASSON.

Les rég. etant ici de même longueur, le rég. fimple eſt le premier. Mais dans les phraſes fuivantes : *De fameux exemples nous apprennent que Dieu a renverſé* de leurs thrônes des Princes qui ont méprifé fes loix. *Le Seigneur réduiſit* à la condition des bêtes le fuperbe Nabucodonofor, qui vouloit ufurper les honneurs divins. Dans ces phraſes les rég. fimples font les derniers, parce qu'ils font plus longs, ou fuivis de modificatifs.

Ainfi, au lieu de dire : *Employons toute cette vaine curiofité qui fe répand au dehors,* aux affaires de notre falut ; je dirois ; *Employons* aux affaires de notre falut *toute cette vaine curiofité qui fe répand au dehors.*

REM. 4e. Pour eviter une equivoque, on met en premier le rég. compofé, quoiqu'auffi long, ou même plus long que le rég. fimple. Par exemple, au lieu de dire : *L'Evangile inſpire une piété qui n'a rien*

de suspect aux personnes *qui veulent être sin-*
cèrement à Dieu ; dites avec le P. Buffier :
L'Evangile inspire aux personnes qui *veu-*
lent être véritablement à Dieu , *une piété qui*
n'a rien de suspect.

REM. 5ᵉ. C'est la netteté du sens qui dé-
cide de la place que doivent occuper les
prép. qui avec leur rég. expriment quelque
circonstance. Ces expressions doivent être
placées, autant qu'il est possible, près des
mots dont elles expriment une circonstance. Ex. *La plûpart des personnes se condui-*
sent plus par habitude que par réflexion : voi-
là pourquoi on voit tant de gens qui , avec
beaucoup d'esprit, *commettent de très-gran-*
des fautes. Dans cette phrase , *avec beau-*
coup d'esprit ne sauroit être placé après le
verbe : il seroit equivoque de dire ; *on voit*
des gens qui commettent , avec beaucoup
d'esprit , *de très-grandes fautes* , ou *qui com-*
mettent de très-grandes fautes avec beaucoup
d'esprit.

Au lieu de dire : *Les Prêtres Egyptiens ne*
s'aviserent de voiler les observations qu'ils fai-
soient de la nature , *sous leurs hiéroglyphes,*
que pour en dérober la connoissance au peuple ;
je dirois : *Les Prêtres Egyptiens ne s'aviserent*
de voiler , *sous leurs hiéroglyphes* , *les ob-*
servations qu'ils faisoient de la nature , *que*
pour , &c. Au lieu de, *Darius ignoroit l'art*

de tirer la guerre en longueur, de fatiguer &
de ruiner un ennemi vigoureux, à propos,
&c. je dirois, *Darius ignoroit l'art* .... de
fatiguer à propos, *& de ruiner un ennemi*
vigoureux.

Rem. 6e. Quand une prop. est compo-
sée de deux phrases partielles, la plus courte des deux phrases se place ordinairement
la premiere. Ex. Quand les passions nous
quittent, *nous nous flatons en vain que c'est*
nous qui les quittons. Sans admettre une autre vie, *on ne sauroit concilier avec la justice*
de Dieu le spectacle de la vertu qui languit
dans les fers, tandis que le vice est sur le
throne.

Rem. 7e. La poésie admet certaines
transpositions qui n'ont pas lieu dans la
prose. On dit bien en Vers :

Pour les cœurs corrompus, l'amitié n'est point faite. Volt.
Le bonheur des méchants comme un torrent s'écoule. Rac.
Jamais de la Nature il ne faut s'écarter. Boileau.
A des Dieux mugissants l'Egypte rend hommage. Rac. fils.

Mais en prose nous dirons ; *l'amitié n'est*
point faite pour les cœurs corrompus. Le bon-
heur des méchants s'écoule comme un torrent.
Il ne faut jamais s'écarter de la nature. L'E-
gypte rend hommage à des Dieux mugissants.

Rem. 8e. Quand il n'y a point d'équivoque à craindre, on supprime certains
mots qui peuvent aisément se suppléer ;

la diction, par ce moyen, est plus vive.

Au lieu de dire, quand *l'assemblée fut finie, chacun se retira chez soi. Il refusa les
honneurs du triomphe*, etant *content de les
mériter.* Il vaut mieux dire avec S. Evremont, *l'assemblée finie, chacun se retira chez
soi. Il refusa les honneurs du triomphe, content de les mériter.*

Au lieu de , *que le peuple qu'un sage Roi
gouverne est heureux! Les esprits bornés affectent de mépriser ce qui les passe*, ce qui est
*un foible dédommagement qu'il ne faut pas
leur envier.* Dites : *Heureux le peuple qu'un
sage Roi gouverne! Les esprits bornés affectent
de mépriser ce qui les passe , foible dédomma-
ment qu'il ne faut pas leur envier.*

REMARQUE 9e. DES MOTS QU'ON DOIT RE'PE'TER DANS LA PHRASE.

Les pron. sujets se répetent, 1o. avant
les Verbes qui sont à différents temps , ou
à différentes personnes; 2o. quand on passe
de la négative à l'affirmative , ou de l'affirmative à la négative; 3°. après les conjonctions, (excepté *& ni*) Ex. *Il est défendu
aux Juifs de travailler le jour du Sabath ; ils
n'allument point de feu & ne portent point
d'eau ; ils sont comme enchaînés dans leur re-
pos. Nous avons besoin de recevoir une bonne
éducation , parce que* nous ne pouvons pas

ſans education, mériter l'eſtime des perſonnes polies.

Ainſi il y a une faute dans cette phraſe d'un Auteur célebre. *Le ſoldat ne fut point réprimé par autorité ; mais s'arrêta par ſatiété, par honte,* &c. Il falloit, mais il s'arrêta.

M. l'Abbé d'Olivet reprend ces Vers de Racine.

Amurat eſt content, ſi nous le voulons croire,
Et ſembloit *ſe promettre* une heureuſe victoire.

Le changement de temps demandoit le pronom *il. Amurat eſt content, & il ſembloit,* &c.

Hors des cas enoncés ci - deſſus, *il, elle* ne ſe répetent pas ordinairement. On dit ; *Il a pris des villes, conquis des Provinces, ſubjugué des nations entieres.*

On répete ordinairement les pronoms quand ils ſont en régime. Ex.

Un fils ne s'arme point contre un coupable pere ;
Il détourne les yeux, *le plaint & le révere.*

Peut-on dire ? *Il s'eſt acquis une eſtime générale, & rendu célebre.* Non : *ſe* etant mis pour *à ſoi* dans *il s'eſt acquis,* ne peut ſervir au Verbe *rendu,* qui demande le régime ſimple *ſoi.* Il faut donc répéter *ſe* & le Verbe *eſt. Il s'eſt acquis une eſtime générale & s'eſt rendu célebre.*

De même, au lieu de, *fa fageffe & fa probité lui ont acquis une eftime générale*, & rendu *confidérable auprès des Miniftres*, dites, *& l'ont rendu confidérable*, &c. VAUG. CORN. ACAD.

REM. 10e. Quand la 1re. partie d'une phrafe eft affirmative, & que la 2e. eft négative, & réciproquement fi la 1re. eft négative & la 2e. affirmative, alors on répete dans la 2e. partie le Verbe qui eft dans la 1re. On obferve la même regle, fi le Verbe eft actif dans la 1re. partie, & qu'il doive être paffif ou pronominal dans la 2e. Ex. *Il faut* attendre *tout de Dieu, & ne rien* attendre *de foi-même. Les indifcrets* trahiffent *les autres &* fe trahiffent *fouvent eux-mêmes. Notre réputation ne* dépend *pas du caprice des hommes ; mais elle* dépend *des actions louables que nous faifons. On n'*eftime *point les fainéants, parce qu'on ne mérite* point d'être eftimé, *quand on ne remplit pas fes devoirs.*

Il me femble que ce feroit parler moins correctement que de dire : *Il faut* attendre *tout de Dieu, & rien de foi-même. Les indifcrets* trahiffent *les autres, & fouvent eux-mêmes. Notre réputation ne* dépend pas &c. *mais des actions louables* &c. *On n'*eftime *point les fainéants, parce qu'on ne mérite* point de l'être, *quand &c.*

REM. 11e. On répete ordinairement les prép. avant les mots qui ne fignifient pas la même chofe. Ex. *Rien n'eft moins felon* Dieu & felon le monde, *que d'appuyer par d'ennuyeux ferments tout ce que l'on dit dans la converfation.*

On ne répete point ordinairement les prép. avant les mots qui fignifient à peu-près la même chofe, & fur-tout quand ce font des noms accompagnés de l'article ou de quelque autre modicatif. Ex. *Le Fils de Dieu eft venu pour* racheter *les hommes &* les délivrer *de la fervitude du péché. Un jeune homme doit parler* avec la difcrétion & la retenue *qui convient à fon âge.*

REM. 12e. Il y a des répétitions elégantes qui contribuent à la politeffe & à l'ornement du difcours. Ex. Ceux qui font *nés* Grands *Ssigneurs, n'ont qu'un fort petit avantage au-deffus des autres, s'ils ne travaillent avec fuccès à fe faire de* grands *hommes. L'amour-propre eft* plus habile que le plus habile homme du monde. *Dès qu'on fort de la nature, tout devient* faux *dans l'éloquence ; la chaleur de fes mouvements les plus paffionnés, n'eft qu'une* fauffe *chaleur ; l'éclat le plus brillant de fes figures n'eft qu'un* faux éclat.

Elle fut méprifer les caprices du fort,
Regarder fans horreur *les* horreurs *de la mort.*
BOUH. Réfl.

F v

REM. 13ᵉ. Les Conjonctions compofées de *que*, ou fuivies de la prép. *de*, ne fe répetent guere dans la même phrafe ; on répete feulement *que* ou *de*, fuivant le fens : on obferve la même chofe pour *fi*, *quand*, *comme*. Ex. *Scipion ne fit aucune acquifition*, quoiqu'il *eut été le maître de Carthage*, & qu'il *eut enrichi fes foldats plus qu'aucun autre Général.* M. ROLLIN.

On tire le canon fur une place afin de *pouvoir la prendre par affaut*, ou de *l'obliger à fe rendre.* GIRARD. *On fait bien des fautes* lorfqu'on *eſt jeune*, & qu'on *ne prend confeil que de foi-même.* Quand *un homme eſt livré à fes paffions*, & qu'il *eſt connu pour ce qu'il eſt*, il vit *fans honneur ; & ceux qui le flatent en apparence*, le *méprifent en effet.* BELLEGARDE.

Remarques fur ne, ne pas, ne point.

On fupprime *pas* & *point*, 1°. avant *jamais*, *plus* (particule) *nul*, *aucun*, *rien*, *perfonne* (pronom) *ni*, *nullement ; &* avant *goute* & *mot*, quand ils font pris adverbialement. 2°. quand il fuit un *que* dans le fens de *finon* ou *feulement.* 3°. après *que* dans le fens de *pourquoi*, *plût à Dieu que.* Ex. *L'utile* n'eſt jamais *où n'eſt pas l'honnête. Il faut eviter les redites ; on ne veut point entendre ce qu'on fait déja, on n'y a* plus *d in-*

térêt. S. EVREM. *Je* ne fais aucun cas *de la hardieffe, si elle n'eft accompagnée de prudence.* TERRASSON. *Une jeuneffe qui fe livre à fes paffions, ne tranfmet à la vieilleffe* qu'un *corps usé.* Que n'avons-nous autant d'ardeur pour le bien que nous en avons pour le plaifir! *Le Savant voit le double des autres; & l'i*gnerant ne voit goute, *lors même qu'il croit voir le plus clair.*

4o. On peut encore retrancher *pas* & *point* après *ofer, pouvoir, ceffer;* après *favoir,* lorfqu'on veut dire fimplement qu'on eft incertain. Ex. *Bien des gens* n'ofent *expofer leur mifere. Il* ne peut *vous aller voir; il* ne ceffe *de l'avertir. Nous* ne favons *ce que nous devons faire.* On dit encore, *ne bougez, n'en déplaife* à, &c. On dit auffi, *je* ne faurois *marcher,* pour, *je ne puis marcher.*

Avec *favoir,* on emploie *ne pas, ne point,* quand on veut dire qu'on ignore abfolument. Ex. *C'eft une hiftoire que je* ne fais point *du tout.*

5o. *Ne* s'emploie feul après les Verbes *empêcher, prendre garde* (cavere) après les adverbes *plus, moins;* après *autre* & *autrement.* Ex. *Empêchez ou prenez garde qu'il* ne fe bleffe. *On fe voit d'un* autre *œuil qu'on* ne voit *fon prochain. On méprife ceux qui parlent autrement qu'ils* ne penfent.

6°. *Ne* s'emploie encore feul après *crain-dre*, *avoir peur*, *appréhender* ; quand on ne fouhaite pas la chofe exprimée dans le fecond Verbe. Comme, *il craint*, *il appré-hende que fa maladie* ne *foit mortelle.*

Mais fi l'on fouhaitoit la chofe expri-mée dans le fecond Verbe, alors on met-troit *ne pas* ou *ne point.* Ex. *Je crains que mon pere* n'*arrive* pas *aujourd'hui.*

Rem. Quand il y a une négation avec *craindre*, *avoir peur*, *appréhender*, *empê-cher*, on ne met plus *ne* après le *que.* Ex. *J'empêcherai qu'on* ne *vous faffe tort. Je* n'*empêcherai* pas *qu'on vous corrige. Acqué-rez la fageffe*, & *vous* ne *craindrez* point *que la puiffance des impies vienne vous acca-bler.*

7°. Quand *ne* eft avant *nier*, il faut en-core le répéter après ce Verbe. Ex. *Je* ne *nie pas que je* ne *l'aie dit. Que je l'aie dit*, fe-roit une faute. Acad.

DES DIFFÉRENTES SORTES D'*E.*

Nous avons quatre fortes d'*E* dans no-tre Langue.

1°. L'*e* muet qui n'a qu'un fon obfcur & peu fenfible, comme dans *fage*, *befoin*, *mefure.*

2°. L'*e* fermé qui fe prononce la bou-che prefque fermée ; comme dans *vérité*, *médiocrité.*

3°. L'*è* ouvert, comme dans *fuccès*, *procès*, *fête*. Cet *è* s'appelle ouvert, parce que pour le bien prononcer, il faut defferrer les dents.

4°. L'*e* moyen, comme dans *belle*, *Meffe*, *mufette*, fe prononce avec une ouverture de bouche plus grande que pour l'*e* fermé ; mais moins grande que pour l'*e* ouvert.

DES ACCENTS.

Nous avons trois Accents *l'aigu* ('), le grave (`), & le *circonflexe* (^). Ils fervent fur-tout à diftinguer nos différentes fortes d'*e*.

L'Accent *aigu* fe met fur les *é* fermés. Ex. *vérité*, *répété*, *réunion*.

L'Accent *grave* fe met, 1°. fur les *e* fort ouverts, fuivis d'une *s* finale. Ex. *Accès*, *auprès*, *progrès*. 2°. Sur *à* prép., fur *là* & *où* adverbes. Ex. *Il a dit à fon frere*. *Où la vertu finit*, *là le vice commence*.

L'Accent *circonflexe* fe met fur les fyllabes longues dont on a retranché une lettre. Comme *bâiller*, *tempête*, *le trône*. Autrefois on ecrivoit *baailler*, *tempefte*, *trofne* ou *throfne*.

REM. L'*e* au commencement, au milieu, ou à la fin des mots, & fuivi d'une confonne avec laquelle il forme une fyllabe, n'eſt marqué d'aucun Accent. Ex. *perverſité, reſpecter, nettement, le miel, le ſujet, la nef.* &c.

Si l'*e* à la fin des mots etoit ſuivi d'une *s*, il ſeroit marqué d'un *grave* ou d'un *aigu*, comme nous l'avons dit plus haut. Ex. *Vos procès ſont jugés.*

Rem. 2e. On peut ne pas accentuer l'*e* qui dans l'avant-derniere ſyllabe d'un mot, eſt ſuivi d'une ou de pluſieurs conſonnes & d'un *e* muet; comme, *le zelé, ils conſiderent, ils poſſedent, les planettes, la regle, le regne,* &c.

Remarques sur les Voyelles Nazales.

Les Voyelles Nazales, ainſi appellées, parce que le ſon qu'elles expriment ſe prononce un peu du nez, ſont, *an, ean, am; en, em; in, im, ain, aim, ein; on, eon, om; un, eun, um.*

An, ean, am, en, em ont ordinairement le même ſon. Pour ſavoir quand un mot doit s'écrire plutôt par l'une que par l'autre de ces voyelles, liſez les remarques ſuivantes.

1°. La Voyelle Nazale eſt toujours formée par *m* dans le mot où elle eſt ſuivie de *b, m, p,* ou *ph.* Ex. *Ambition, Empereur, comment, amphibologie, humble.*

2°. Les adverbes qui marquent la manière dont ſe font les choſes, terminent par *ent*. Ex. *Aveuglément, commodément,* &c.

3°. Le ſon *an, am,* s'écrit preſque toujours par *an, am,* dans les mots qui viennent des mots latins écrits par *an, am;* comme *année,* annus; *chanter,* cantare; *champ,* campus; *ambitieux,* ambitioſus, *&c.*

Le même ſon *an* s'écrit preſque toujours par *en, em* dans les mots qui viennent des mots latins ecrits par *en, em, in, im;* comme *vent,* ventus; *temps,* tempus; *entrer,* intrare; *enfant,* infans, &c. *trembler,* tremere; *cendre,* cinis; *vengeance,* vindicta.

In, im, ain, aim, ein ont le même ſon. Pour ſçavoir comment il faut écrire le ſon *in* dans un mot, il faut, ſi c'eſt un adjectif, voir comment il fait au fém. *Couſin, voiſin* s'écrivent par *in,* parce qu'on dit au fém. *couſine, voiſine. Vain, ſain, prochain* par *ain* accauſe de *vaine, ſaine, prochaine.*

Si c'eſt un ſubſt. examinez les mots qui en viennent. On ecrit *faim* beſoin de manger, accauſe de *famine;* & *la fin,* le terme, accauſe de *finir; pain,* accauſe de *pannetier; main,* accauſe de *manier; vin,* accauſe de *vineux.*

Un, ein, um ont le même ſon. Ecrivez

importun, accauſe du f. *importune* ; *à jeun*
de *jeûner* ; *parfum, humble*, de *parfumer* ;
humilité.

Au & eau ont le même ſon. Ecrivez par
au, etau, faux, maux, chevaux, &c. accauſe d'*étaler, falſifier, mal, cheval*, &c.
ecrivez par *eau, beau, beauté, chapeau,
bateau*, accauſe de *belle, chapelier, bate-
lier*, &c.

Comme les conſonnes finales ne ſe prononcent point dans bien des mots, les jeunes gens & les etrangers ſont ſouvent em-
barraſſés. Pour ſavoir comment s'écrivent
les finales des ſubſt., il faut faire attention
aux mots qui en ſont dérivés. Par ex. on
ecrira *plomb* avec un *b* accauſe de *plomber.*
Le rond, le hazard, l'accord, accauſe de
*rondeur, hazarder, accorder : rang, ſang,
hareng*, acc. de *ranger, ſanguin, harengere :
fuſil, ſourcil, le gril*, acc. de *fuſiller, ſour-
ciller, griller*. Le *parfum*, le *nom*, acc. de
parfumer, nommer ; *le van* accauſe de *van-
ner* ; *le camp, le drap*, accauſe de *drapier,
camper, campagne. Boulanger, Horloger*,
acc. de *boulangerie, horlogerie. Les ſens, le
bon ſens*, accauſe de *ſenſible, ſenſé* ; *embar-
ras*, d'*embarraſſer. Tapis* de *tapiſſer* ; *projet*
de *projeter. Audacieux, négociant, déli-
cieux*, accauſe d'*audace, négoce, délice.*
Voyez outre cela ce que nous avons dit

page 20. fur la formation du pl. des fubſt.
& des adject. Voyez dans les conjugaiſons
des Verbes la terminaiſon des différents
temps.

REMARQUES SUR LA PRONONCIATION.

Nous avons deux ſortes de Prononciation ; l'une pour les vers & le diſcours ſou-
tenu, l'autre pour la converſation.

Dans les vers, dans les diſcours prononcés en Chaire, au Barreau ou en d'autres occaſions qui demandent de la gravi-
té, on fait ſentir la plûpart des conſonnes
finales, quand le mot ſuivant commence
par une voyelle ou une *h* qui ne ſe prononce point. Ex.

Le faux eſt toujours fade, ennuyeux, languiſſant.
Dieu tient le cœur des Rois entre ſes mains puiſſantes.
On ſoumet les déſirs qui ſont bien combattus.
Et les vices détruits ſe changent en vertus.

Prononcez *le fau zeſt toujours fade*, &c.
*Dieu tient le cœur des Roize entre ſes mains
puiſſantes. Et les vices détruits ſe change ten
vertus.*

Dans la converſation, au contraire,
nous prononcerons *le fau eſt toujours fade.
Dieu tient le cœur des Roi entre ſes mains. Les
vices détruits ſe change en vertus.*

L'*e* muet, lorſqu'il eſt à la fin d'un
mot, & que le mot ſuivant commence par

une confonne, fe prononce plus fortement dans les Vers que dans la Profe. Ex.

Des dons extérieurs l'uniformité laffe ;
Mais l'efprit a toujours *une nouvelle* grace.

Les mots *une nouvelle*, doivent être prononcés dans ce Vers comme fefant cinq fyllabes. Dans la Profe au contraire, les mots *une nouvelle*, fe prononcent comme s'ils ne fefoient que trois fyllabes.

Dans la Profe les voyelles *ia*, *ie*, *io*, *ian*, *ion*, &c. ne forment ordinairement qu'une fyllabe. Dans les Vers au contraire, elles en forment prefque toujours deux. C'eft ce que l'on voit dans les Vers fuivants, qui font de douze fyllabes ou de fix pieds.

A peu de *paffion* fuffit peu de richeffe :
Connoiffez l'homme à fond, *etudiez* fon cœur ;
Il eft un heureux choix de mots *harmonieux* ;
Fuyez des mauvais fons le concours *odieux*.

Paffion & *odieux* ne font que de deux fyllabes dans la Profe ; ici ils font de trois fyllabes. De même *étudiez*, *harmonieux* font dans ces Vers de quatre fyllabes ; dans la Profe ils ne font que de trois. *Voyez* notre Grammaire Françoife.

Du Trema.

On met le *tréma*, ou les deux points fur

les voyelles *i* , *u* , *e* muet, quand ces lettres
ne doivent pas être prononcées, ou ne font
pas fyllabe avec la voyelle qui précede.
Comme *haïr . héroïque , païen , aïeul , Saül*
(Roi des Hébreux) *jouïr , ambiguë , conti-
guë , ambiguïté , continuïté*.

Nota. On met le tréma fur *ambiguë , con-
tiguë , ambiguïté , continuïté*, pour faire connoître que *guë , guï , nuï* font dans ces mots
deux fyllabes , & qu'ils ne s'y prononcent
pas comme dans *fatigue , ligue*, &c. *aiguille,
nuire , fuir* , &c. où ils ne font qu'une fyllabe.

R. N'écrivez point *Roïaume , emploïer ,
effaïer , païs* , &c. On prononce *Roi iaume ,
effai ier , pai is* ; ainfi il faut ecrire ces mots
avec l'y grec qui a le fon de deux *ii* , *Royaume , pays , payer*.

N'écrivez pas non-plus *loüer , joüer , boüil-
lon , grenoüille* , &c. parce qu'on ne prononce pas *lo-uer , jo-uer , bo-uillon* , &c. ou fe
prononce dans ces mots , comme dans *ge-
nou* ; ainfi ecrivez fimplement *jouer , bouillon* , &c.

De l'Apostrophe.

L'*Apoftrophe* (') marque le retranche-
ment d'une de ces trois lettres *a* , *e* muet,
& *i*.

A & *e* muet , fuivis d'une voyelle ou

d'une *h* non-afpirée, fe retranchent dans *le*, *la* article ou pron. , dans *je*, *me*, *te*, *fe*, *de*, *ne*, *que*, *ce*. Comme : *l'*homme de bien aime mieux mériter une charge fans *l'*obtenir, que de *l'*obtenir fans la mériter. Je *m'*eftimerois heureux *d'*être utile aux jeunes gens qui *s'*appliquent à *l'*étude de leur langue.

A & *e* ne s'élident point dans *le*, *la* après un impératif. Comme, portez-*le* à mon frere ; donnez-*la* à ma fœur.

L'*e* muet s'élide encore, 1o. dans *quelque* fuivi des mots *un* & *autre* ; *quelqu'un*, *quelqu'autre*. 2°. dans *entre*, *jufque*, fuivis de ceux-ci, *à*, *au*, *aux*, *eux*, *elle*, *elles*, *ici*, *autre*. Comme jufqu'*à* Paris, jufqu'*ici* ; entr'*eux*, entr'*autre* chofe.

On dit auffi : *Grand'mere*, *Grand'Meffe*, la *Grand'Chambre*, *grand'falle*, *grand'chere*, *grand'peur*, *grand'pitié*, *grand'chofe*, à *grand'peine*.

I s'élide dans *fi* fuivi du pronom, *il*, *ils* ; *s'il arrive*, *s'ils viennent*.

DU TRAIT D'UNION.

Le *Trait d'union* (-) fert à partager un un mot qu'on ne peut pas mettre tout entier à la fin d'une ligne. Il faut eviter de faire ce partage avant *l* mouillée, avant ou après *y* mis pour deux *ii*. Ainfi la fection

ne vaudroit rien dans les mots fuivants :
Bou-illon, *péri-lleux* ou *peril-leux*, *pa-yfan*,
employ-er ou *emplo-yer*, *effay-er*, *effa-yer*.

2o. Le *Trait d'union* fe met entre les *ver-*
bes, & *je*, *me*, *moi*, *tu*, *toi*, *nous*, *vous*, *il*,
ils, *elle*, *elles*, *le*, *la*, *les*, *lui*, *leur*, *y*, *en*,
ce, *on*, quand ces pronoms font après le
Verbe. Ex. *Irai-je*, *viens-tu*, *donnez-lui*,
&c. En ce cas, fi le Verbe ne finit pas par
un *t*, on en ajoute un avant *il*, *elle*, *on*;
acheva-*t'il?* viendra-*t'elle?* aime-*t'on* les rail-
leurs ?

3o. On emploie le *Trait d'union* avant
ou après *ci*, *là*, *çà*. Ex. *Celle-ci*, *celle-là*,
ci-deffus, *là-haut*, *venez-çà*

4°. On met encore le *Trait d'union* entre plufieurs mots tellement joints enfemble, qu'ils n'en font plus qu'un. Comme
avant-coureur, *chef-d'œuvre*, *quelques-uns*,
&c.

DES LETTRES CAPITALES.

Les *Lettres Capitales* ou *Majufcules* fervent à compofer le titre des livres , à com-
mencer les phrafes , les vers , les noms propres d'hommes, de lieux & de fêtes ; comme, *David*, *France*, *Pâque*, *la Loire*, &c.

Les noms de dignités , d'arts , de fciences commencent par une *Capitale*, quand
ils font le principal fujet du difcours. Ex.

L'Agriculture a toujours eté en honneur dans tous les Etats bien gouvernés. La Philosophie nous apprend à raisonner conséquemment. Le Pape est le chef de l'Eglise.

DE LA PONCTUATION.

On se sert de six marques pour distinguer les différentes parties du discours. Ces marques sont la Virgule (,), le Point (.) le Point avec la Virgule (;) , les deux Points (:), le Point interrogatif (?), le Point admiratif ou exclamatif (!).

La Virgule (,) sert à distinguer les substantifs, les adjectifs, les verbes & les adverbes qui ne se modifient point l'un l'autre. Ex.

Tôt ou tard la vertu, les graces, les talents
Sont vainqueurs des jaloux, & vengés des méchants.

La charité est patiente, douce, bienfaisante, &c. Pour devenir savant, il faut etudier constamment, méthodiquement, avec gout & avec application, &c.

La Virgule distingue encore les différentes parties d'une phrase ou d'une période ; elle se met aussi avant & après les expressions qui marquent quelque circonstance. Ex. *L'étude du cabinet rend savant, & la réflexion rend sage.*

L'homme doit discerner, s'il veut se rendre heureux,
Du plaisir innocent, le plaisir dangereux. Du RESN.

On ne met guere de virgule entre les différentes parties d'une phrase courte. Ex. *Celui qui veut tromper est souvent trompé. L'équité & la charité doivent être les deux grandes regles de la conduite des hommes.*

Le Point avec la Virgule (;) se met après une phrase suivie d'une autre phrase qui dépend de la premiere. Ex.

Il faut, autant qu'on peut, obliger tout le monde ;
On a souvent besoin d'un plus petit que soi.

L'Auteur, pour bien écrire, doit être également attentif aux choses qu'il dit, & aux termes dont il se sert ; afin qu'il y ait du vrai & du gout dans ses ouvrages.

Les deux Points (:) different peu du Point avec la Virgule ; ils se mettent après une phrase finie, mais suivie d'une autre qui sert ou à l'étendre, ou à l'éclaircir. Ex.

Que notre piété soit sincere & solide :
Ne faisons point un art de la dévotion ;
Mais qu'à ses mouvements la prudence préside :
Chacun doit être saint dans sa condition.

Le Point (.) se met à la fin des phrases & des périodes. Ex. *On est blâmable quand on conserve son argent, sans vouloir jamais en faire un bon usage ; & c'est-là ce qui s'appelle avarice. On est louable, quand on ne le conserve dans un temps que pour s'en servir à propos dans un autre ; & c'est-là ce qui s'appelle économie.*

Le Point interrogatif (?) s'emploie dans les phrases qui expriment une interrogation. Ex.

> N'as-tu besoin d'aucune chose ?
> D'aucun de tes amis la bourse ne t'est close.
> Sait-on que tu veux emprunter ?
> Pas un de tes amis n'a moyen de prêter.

Le Point admiratif ou exclamatif (!) se met après les phrases qui expriment une admiration ou une exclamation.

> Qu'un ami véritable est une douce chose !

> Heureux celui qui plein de crainte
> Pour la divine Majesté,
> Marche sans détours & sans feinte
> Dans le sentier de l'équité !

F I N.

TABLE
DES MATIERES.

Si l'on ne trouve point quelque Verbe irré-
gulier dans l'ordre alphabétique, on cher-
chera dans la Table, après le mot Verbe,
les Verbes terminés en er, ir, oir, *ou* re,
selon la terminaison du Verbe que l'on
cherchera.

A.

G

TABLE

DES MATIERES.

G ij

TABLE

DES MATIERES.

TABLE DES MATIERES.

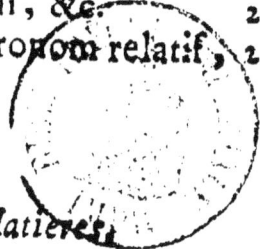

Fin de la Table des Matieres.

Le Privilege se trouve à la fin de la Grammaire de l'Auteur, qui se vend chez les mêmes Libraires.

De Nunancourt Cinquieme Compagnie Numero

www.ingramcontent.com/pod-product-compliance
Lightning Source LLC
Chambersburg PA
CBHW050014100426
42739CB00011B/2634